MARKETING
5.0

Philip Kotler, Hermawan Kartajaya
e Iwan Setiawan

MARKETING
5.0

LID

MADRID | CIUDAD DE MÉXICO | BUENOS AIRES | BOGOTÁ
LONDRES | NUEVA YORK
SHANGHÁI | NUEVA DELHI

Colección Acción Empresarial de LID Editorial
www.LIDeditorial.com

A member of:
BPR
businesspublishersroundtable.com

EAN-ISBN13: 978-84-18709-87-6
Directora editorial: Laura Madrigal
Traducción: Cecilia González Godino
Maquetación: produccioneditorial.com
Diseño de portada: © Paul McCarthy
Arte de portada: @Oxygen/Getty Images
Impresión: Cofás, S.A.
Depósito legal: CO-771-2021

Impreso en España / *Printed in Spain*

Primera edición: septiembre de 2021

Te escuchamos. Escríbenos con tus sugerencias, dudas, errores que veas o lo que tú quieras. Te contestaremos, seguro: info@lidbusinessmedia.com

«El propósito del marketing es mejorar siempre la vida de las personas y contribuir al bien común».

—Philip Kotler

«A todos los asiáticos, especialmente a mis hermanos de la Federación de Marketing de Asia. En MarkPlus, Inc. estamos muy orgullosos de nuestra colaboración con Philip Kotler como laboratorio de conocimientos y de nuestra contribución a multitud de libros desde 1998, incluida la serie *Marketing X.0*».

—Hermawan Kartajaya

«Dedicado a la memoria de mi madre, Shinta, y de mi hija, Keyvlin, que fallecieron durante la redacción de este libro. Gracias a mi familia —mi padre, Setiawan, mi hermana, Sisca, mi mujer, Louise, y mi hijo, Jovin—, por su infinito amor y cariño».

—Iwan Setiawan

ÍNDICE

PARTE III
NUEVAS ESTRATEGIAS PARA EL MARKETING TECNOLÓGICO

PARTE IV
NUEVAS TÁCTICAS DEL MARKETING TECNOLÓGICO

AGRADECIMIENTOS

Los autores desean dar las gracias al equipo directivo de MarkPlus, Inc., que dedicó innumerables horas al desarrollo de ideas con los autores: Michael Hermawan, Jacky Mussry, Taufik, Vivie Jericho, Ence, Estania Rimadini, Yosanova Savitry y Edwin Hardi.

Un agradecimiento muy especial a Richard Narramore, de Wiley, por su visión y su continuo compromiso con la serie *Marketing X.0*. Sin Richard, estos libros no serían posibles. También nos gustaría dar las gracias al equipo editorial de Wiley —Deborah Schindlar, Victoria Anllo, Linda Brandon—, por su gran colaboración durante el desarrollo de *Marketing 5.0* y al equipo de LID en España y México por su trabajo al frente de la edición en español.

Por último, nos gustaría felicitar a las empresas y los líderes de los casos que ilustran este libro como ejemplo de compañías que han sabido entender los drásticos cambios en el comportamiento de los consumidores y han integrado con éxito las nuevas tecnologías y el talento humano para satisfacer las nuevas necesidades de sus clientes: Esteban Velasco, Senior Marketing Manager y Elena Marcos Izquierdo, Brand Manager de Cruzcampo (Grupo Heineken); Enrique Bermudez, Chief Technical Officer & Founder y Pepi Landete, Marketing Department Manager de Telynet y Ana Torres, Head of Brand, Advertising & Research y Ana María Alonso, Media & Research Manager de MÁSMÓVIL.

PRÓLOGO

«No nos queda *stock* en tienda, pero miro en el almacén y, si hay, te lo mandamos a casa sin coste». Este tipo de interacciones dejaron de sorprendernos hace tiempo, y las hemos incorporado a nuestra vida con una naturalidad y una velocidad impresionantes, cada vez mayores en los últimos años. Detrás de esta conversación hay un avance tecnológico gigante y solo el primer paso de muchos que están por venir; un avance que ha difuminado la línea entre lo digital y lo físico y en el que se ha conectado a las marcas con las personas de una manera diferente para siempre.

Únicamente hace falta mirar unos pocos datos para comprobar que la tecnología ha acercado a marcas y consumidores a un nivel sin precedentes y cómo se espera que esta conexión siga creciendo. Se calcula que en 2030, y a nivel global, el número de usuarios con conexión a internet alcance un 90 % de penetración, más de ocho mil millones de personas en total. Las cifras de presencia e inversión en tecnologías y el mundo digital son tan elevadas que resultan difíciles de cuantificar, y podemos ver cómo su uso repercute en toda la cadena de valor, no solamente en la fase final de la compra, como ocurría antes.

La tecnología no solo simplifica la logística, sino que ha comenzado a desempeñar funciones reservadas a los humanos hasta el momento: el uso de *big data* y los sistemas de inteligencia artificial ya son capaces de identificar y revelar patrones de consumo, la escucha activa de las redes sociales proporciona *insights* muy relevantes para nuevos productos o servicios o la continua hipersegmentación y personalización de la oferta basándose en nuestros comportamientos, resultando en métricas de captación, conversión y fidelización muy saludables. Esta revolución que estamos viviendo, el llamado *marketing 5.0,* es un avance transversal que toca todas las etapas del *funnel* de consumo.

La revolución empieza cuando las marcas se dan a conocer, es decir, durante la fase de las estrategias de *awareness*. La televisión sigue siendo un vehículo prioritario, pero la digitalización ha democratizado la llegada al público masivo a través de redes sociales, *influencers* y el entorno digital, poniendo en aprietos a grandes marcas con grandes presupuestos. Una pequeña marca con un buen *insight*, un buen producto y un reducido presupuesto de comunicación puede poner en jaque la estrategia de una gran multinacional con grandes recursos, plantillas y fábricas. La tecnología ha democratizado la forma en la que las empresas llegan al consumidor final y ahora se compite en ideas, ideales, productos y calidad. Y son las marcas que mejor conectan con el consumidor las que tendrán ventaja, no las que simplemente disponen de más recursos o de más inversión.

La etapa de consideración también ha vivido grandes avances: el momento de la elección de una marca ha cambiado y se ha convertido en toda una experiencia. Vivimos ejemplos en la industria de la belleza, en la que puedes probar una barra de labios sin mancharte a través de la realidad aumentada, o en la industria de la moda, donde puedes comprobar cómo te queda una prenda sin salir de casa, o incluso en la propia categoría de la cerveza, en la que Cruzcampo fue pionera lanzando una *app* que permitía interactuar con el *packaging* de la marca y hablar con estrellas del fútbol en tiempo real. La línea entre el mundo físico y el digital se ha difuminado.

Otra de las etapas cruciales de la relación con una marca es la del *sampling*. La manera en la que las marcas dan a probar sus productos o novedades ha cambiado radicalmente gracias a la tecnología. De una interacción totalmente física con el personal que presenta sus productos, hemos evolucionado a una interacción digital donde se recibe un código QR y se canjea el producto en una máquina expendedora. Proporciona una experiencia de prueba en la que el consumidor quiere participar, lo que maximiza el compromiso y la compra. También aporta datos valiosos a la empresa que genera la experiencia.

Los programas de fidelización también han evolucionado enormemente. Hace no mucho se limitaban a cupones físicos de descuento en la próxima compra. Ahora los programas de personalización completos han tomado el relevo aprovechando las posibilidades que nos ofrece el *big data* para generar lo que llamamos *segments of one*. Algunos ejemplos son las zapatillas de deporte diseñadas y personalizadas por completo, los lotes limitados firmados por un gran chef, o, como hicimos en Cruzcampo, unas recetas elaboradas a través de Instagram por nuestros seguidores que luego recibieron a domicilio.

Asimismo, el servicio posventa también se ha beneficiado de estos avances. Las marcas solían estar a oscuras cuando el consumidor se llevaba el producto a casa, pero una vez más la tecnología nos ayuda a mantener la conversación, e incluso a mejorar la experiencia cuando ya estamos en el hogar. Y no es un avance exclusivo de las empresas dedicadas a la tecnología. Por ejemplo, en el sector hostelero hemos desarrollado y puesto en funcionamiento una tecnología pionera que nos permite ver en tiempo real el estado de nuestros grifos. Nos ayuda a hacer un seguimiento de la cantidad de cerveza consumida, la hora de mayor consumo y qué cerveza se vende más. También nos permite saber si algún grifo funciona mal y a solucionar las averías en tiempo real para evitar visitas innecesarias. Además, es una fuente de información para identificar patrones de consumo y planificar campañas digitales.

En resumen, el marketing 5.0 consiste en acercar las marcas a los consumidores creando un diálogo en tiempo real que antes era impensable. Las marcas son ahora más accesibles e inspiradoras para su público. El nuevo enfoque obliga a las marcas a proteger y preservar su núcleo humano, que las hace únicas, donde reside su valor, y las conecta realmente con la gente. Esta evolución las obliga a utilizar estas herramientas para un bien mayor, inspirar a los consumidores y hacer del mundo un lugar mejor, no solo para ganar unos puntos porcentuales en sus métricas de negocio. Porque cada vez más los consumidores lo exigirán, premiando a las marcas que lo hagan bien y castigando a las que sean irresponsables o busquen únicamente su beneficio.

El papel de las marcas también está evolucionando hacia uno más activista en el que tienen opinión y deben mostrarla y en el que forman parte de la sociedad y de sus debates esenciales: marcas humanas, con valores claros y sólidos. En el caso de Cruzcampo, una marca que cree firmemente en ser uno mismo, en celebrar el valor de la diversidad, y que lo lleva demostrando 117 años, desde 1904, haciendo una cerveza con raíces y orgullosa de su origen y de sus diferencias, quisimos mostrarlo mediante el uso de la tecnología. Queríamos compartir esos valores, que son de suma importancia y creemos que pueden hacer un mundo mejor, y hacerlo de una forma que no pasara desapercibida. Necesitábamos contar con una figura que estuviera a la altura; una figura que pudiera transmitir de forma creíble el mensaje de la diversidad, que hubiera pasado a la historia precisamente por eso, por expresar carácter y autenticidad. Estábamos seguros: tenía que ser Lola Flores, un genio del folclore español e icono del siglo XX cuya estela sigue plenamente vigente.

Y la tecnología, una vez más, fue lo que permitió volver a dar voz a Lola para decirnos que seamos nosotros mismos, para lanzar un poderoso mensaje muy relevante en tiempos convulsos como los que estamos viviendo. La tecnología nos permitió volver a humanizar la marca a través de un referente y unos valores atemporales.

El libro que tienes entre tus manos o en tu pantalla es un excelente ejemplo de cómo la humanización de la tecnología tiene infinitas aplicaciones en el marketing. Es impresionante ver todo lo que se puede hacer hoy, no solo para mejorar la conexión entre las marcas y los consumidores, sino para construir una sociedad mejor, y es aún más asombroso imaginar lo que podremos hacer el día de mañana. El conocimiento y la experiencia adquiridos hasta ahora son el lienzo, y la tecnología es el pincel que nos permite dibujar ese futuro. De momento, parece que no hay límites. Sigamos soñando y avanzando, utilizando la tecnología para hacer un mundo mejor y más conectado, pero tengamos en cuenta un pensamiento crítico: nunca perderemos de vista nuestra esencia, el lado humano. Como dice Lola: «Manosea tus raíces, que de ahí siempre salen cosas buenas».

Esteban Velasco
Senior Marketing Manager de Cruzcampo
Heineken España

PARTE I

INTRODUCCIÓN

CAPÍTULO 1

BIENVENIDOS AL MARKETING 5.0

1. Tecnología para la humanidad

En 2009, escribimos *Marketing 3.0. Cómo atraer a los clientes con un marketing basado en valores*, el primer libro de la serie. Desde entonces se ha publicado en todo el mundo y se ha traducido a 27 idiomas. En el libro se describen los cambios principales que se han dado desde el marketing orientado al producto (1.0) al marketing orientado al cliente (2.0) y al marketing centrado en el ser humano (3.0).

En el marketing 3.0, los clientes buscan no solo satisfacción funcional y emocional, sino también satisfacción espiritual, a través de las marcas que eligen. Así, las empresas comienzan a diferenciarse por sus valores; ya no solo buscan beneficios con sus productos y operaciones, sino que también ofrecen soluciones a los problemas sociales y medioambientales más graves del mundo.

El marketing tardó casi 70 años en evolucionar desde su orientación hacia el producto hasta la centralidad humana y, durante estas décadas, varios conceptos resistieron la prueba del tiempo: a pesar de su naturaleza «tradicional», la noción de segmentación-público objetivo-posicionamiento, así como el modelo producto-precio-plaza-promoción (4P) se han convertido en elementos básicos universales para los vendedores modernos de todo el mundo.

Siempre hemos considerado que el marketing 3.0 es la última etapa del marketing tradicional, ya que completa las necesidades intelectuales (1.0), emocionales (2.0) y espirituales (3.0) de los clientes. Aunque se publicó hace una década, su relevancia se ha hecho más evidente en el contexto actual, dominado por la generación Y y la generación Z; los jóvenes, preocupados por su sociedad, fuerzan a las empresas a integrar el impacto social en su modelo de negocio.

2. Marketing 4.0. Un giro hacia lo digital

En 2016, cuando escribimos el siguiente libro de la serie, *Marketing 4.0. Transforma tu estrategia para atraer al consumidor digital*, dimos el conocido giro hacia lo digital, diferenciando el «marketing en el mundo digital» del «marketing digital». El primero no se basa únicamente en medios y canales digitales, ya que la brecha entre lo digital y lo virtual sigue existiendo. Por tanto, el marketing requiere de un enfoque omnicanal, tanto *online* como *offline*. Este concepto está inspirado en parte de la noción de «industria 4.0», una estrategia de alto nivel del Gobierno alemán que integra sistemas físico-digitales en los sectores manufactureros.

Aunque el uso de las tecnologías en el marketing 4.0 es bastante básico, el libro introdujo nuevos marcos de marketing para atender a clientes en puntos de contacto híbridos —físicos y digitales—. Hasta ahora se han publicado 24 ediciones en todo el mundo y ha inspirado a las empresas a adoptar formas fundamentales de digitalización en sus actividades de marketing. Sin embargo, las aplicaciones de la tecnología de marketing (*martech*) son mucho más que la simple distribución de contenidos en redes sociales o la creación de una presencia omnicanal. La inteligencia artificial (IA), el procesamiento del lenguaje natural (PLN), la tecnología de sensores y el internet de las cosas (IoT) tienen un gran potencial para cambiar las prácticas de marketing.

En *Marketing 4.0*, excluimos estas tecnologías porque todavía no constituían la corriente tecnológica principal, además de que los profesionales del marketing estaban todavía en el período de transición y adaptación al mundo digital. Pero la pandemia de la COVID-19 sin duda ha acelerado la digitalización de las empresas. Con los cierres y las políticas de distanciamiento físico, tanto los mercados como los profesionales del marketing se han visto obligados a adaptarse a nuevas realidades digitales y sin contacto.

Por eso, creemos que es el momento adecuado para el marketing 5.0, para la tecnología para la humanidad. Ya es hora de que las empresas apliquen el poder de las tecnologías avanzadas a sus estrategias, tácticas y operaciones de marketing. Este libro también se inspira en parte en la «sociedad 5.0», una iniciativa de alto nivel de Japón que contiene una hoja de ruta para crear una sociedad sostenible apoyada en tecnologías inteligentes. Y estamos de acuerdo en que la tecnología debe aprovecharse para el bien de la humanidad. El marketing 5.0, por tanto, combina los elementos de la centralidad humana del marketing 3.0 y el impulso tecnológico del marketing 4.0.

3. Llegó la hora del marketing 5.0

El marketing 5.0 se materializa con tres grandes retos como telón de fondo: la brecha generacional, la polarización de la prosperidad y la brecha digital. Es la primera vez en la historia que cinco generaciones que conviven en la Tierra tienen actitudes, preferencias y comportamientos opuestos. Los *baby-boomers* y la generación X siguen ocupando la mayoría de los puestos de liderazgo en las empresas y tiene el mayor poder adquisitivo. Sin embargo, las generaciones Y y Z, muy hábiles en el ámbito digital, constituyen ahora la mayor fuerza de trabajo e integran los mayores mercados de consumo. Esta desconexión entre los ejecutivos de mayor edad —que toman la mayoría de las decisiones— y sus gerentes y clientes más jóvenes es un obstáculo importante.

Los vendedores también se enfrentan a una desigualdad crónica y al desequilibrio en la distribución de la riqueza, lo que hace que los mercados se polaricen. La clase alta con empleos bien remunerados crece y alimenta los mercados de lujo. En el otro extremo, la base de la pirámide también se expande y se convierte en un gran mercado de masas para productos de bajo precio y valor. El mercado medio, sin embargo, se contrae e incluso amenaza con desaparecer, lo que obliga a los actores del sector a ascender o descender para sobrevivir. Además, los comerciantes deben resolver la brecha digital entre quienes creen en el potencial de la digitalización y quienes no. La digitalización trae consigo el miedo a lo desconocido, la amenaza de pérdida de puestos de trabajo y la preocupación por la violación de la privacidad. Por otro lado, trae la promesa de un crecimiento exponencial y una mejor vida para la humanidad. Las empresas deben romper esta brecha para garantizar el avance tecnológico sin que sea recibido con resentimiento. Los retos a los que se enfrentan los profesionales del marketing a la hora de aplicar el marketing 5.0 en el mundo digital serán el tema de la segunda parte del libro (capítulos 2-4).

4. ¿Qué es el marketing 5.0?

El marketing 5.0, por definición, es la aplicación de tecnologías que imitan al ser humano para crear, comunicar, ofrecer y mejorar el valor a lo largo del recorrido del cliente. Uno de los temas fundamentales del marketing 5.0 es lo que llamamos *next tech*, un grupo de tecnologías que pretenden emular las capacidades de los profesionales del marketing humano y que se combinan para permitir un enfoque de marketing 5.0: inteligencia artificial, PLN, sensores, robótica, realidad aumentada (RA), realidad virtual (RV), internet de las cosas, *blockchain*...

Durante muchos años, la inteligencia artificial se ha desarrollado para replicar las capacidades cognitivas humanas, especialmente para aprender de datos no estructurados de los clientes y descubrir ideas beneficiosas para los vendedores. Cuando se combina con otras tecnologías, la IA también puede utilizarse para proporcionar ofertas adecuadas a clientes adecuados; gracias a un análisis basado en *big data*, los profesionales del marketing pueden personalizar su estrategia, un proceso conocido como «marketing uno a uno», que en la actualidad es una práctica muy generalizada.

Veamos algunos ejemplos de marketing 5.0. Con el aprendizaje automático de la IA, las empresas pueden prever si un nuevo producto con características específicas tiene probabilidades de éxito con la ayuda de un algoritmo predictivo. De este modo, los responsables de marketing pueden saltarse muchos pasos en el proceso de desarrollo de nuevos productos. En la mayoría de los casos, estas predicciones son más precisas que los estudios de mercado retrospectivos y producen información más rápido que las pruebas de concepto, que llevan mucho tiempo. PepsiCo, por ejemplo, lanza regularmente productos basados en un análisis exhaustivo de las conversaciones de sus clientes en redes sociales.

La IA también puede ayudar a revelar patrones de compra útiles para que los minoristas electrónicos recomienden productos y contenidos adecuados a un grupo de compradores en función de sus perfiles. Los motores de recomendación son el elemento crítico de diferenciación de actores de comercio electrónico y otros negocios digitales, como Amazon, Netflix y YouTube, que analizan de forma continua los historiales de compra para segmentar y generar perfiles dinámicos de sus clientes, encontrando relaciones ocultas entre productos aparentemente no vinculados con el fin de realizar ventas adicionales y cruzadas.

Algunas empresas de distintos sectores, como AB InBev, Chase y Lexus, aprovechan la IA para desarrollar publicidad con una participación mínima de personal humano. AB InBev, la empresa que está detrás de Budweiser y Corona, supervisa el rendimiento de las distintas ubicaciones de sus anuncios y transmite la información resultante al equipo creativo para generar anuncios más eficaces. Chase optó por un motor de IA en lugar de un redactor humano para escribir los textos publicitarios de sus *banners* digitales. Y Lexus analizó las campañas premiadas en los últimos 15 años, especialmente en mercados de lujo, para crear un anuncio de televisión para el nuevo sedán ES. Con un guion desarrollado íntegramente a partir de IA, la empresa contrató a un director ganador de un Óscar para rodar el anuncio.

La implantación del marketing 5.0 no se limita a operaciones de *back-office*. Combinada con la PLN, los sensores y la robótica, la IA puede ayudar a los profesionales del marketing a realizar actividades de cara al cliente. Una de las aplicaciones más populares son los *chatbots* de atención al cliente y, ante los retos de recursos humanos, como el envejecimiento de la sociedad y el aumento de los costes, también se utilizan robots u otros medios automatizados para sustituir al personal de primera línea. Por ejemplo, Nestlé, en Japón, emplea robots dotados de IA como camareros; Hilton, en Estados Unidos, experimenta con un robot conserje, mientras que Tesco, en Reino Unido, pretende sustituir sus cajeros por cámaras de reconocimiento facial. Con sensores y el IoT, los minoristas pueden replicar la experiencia digital en el espacio de las tiendas. Una pantalla de detección de rostros en una tienda minorista, por ejemplo, puede estimar el perfil demográfico de un comprador y ofrecerle las promociones adecuadas, como ocurre con las neveras digitales de Walgreens. Las aplicaciones de realidad aumentada, como las que utilizan Sephora o IKEA, permiten a los compradores probar los productos antes de comprometerse a comprarlos. Por su parte, Macy's y Target aplican tecnologías de sensores para la orientación en tienda, así como para promociones específicas.

Algunas de estas tecnologías aplicadas pueden parecer descabelladas e incluso intimidantes para los profesionales del marketing. Pero estamos empezando a ver lo asequibles y accesibles que se han vuelto en los últimos años. Las plataformas de inteligencia artificial de código abierto de Google y Microsoft están disponibles para las empresas, existen muchas opciones de análisis de datos en la nube, accesibles mediante suscripciones mensuales, y los profesionales del marketing también pueden elegir entre una amplia variedad de plataformas de creación de *chatbots* fáciles de usar, incluso para personas no tecnológicas.

En este libro, exploraremos el marketing 5.0 desde una perspectiva estratégica de alto nivel. Cubriremos cierto *know-how* en tecnología de marketing, pero este no es un manual técnico. Nuestro principio es que la tecnología debe seguir a la estrategia, no al revés. Por tanto, los conceptos de marketing 5.0 son independientes de las herramientas. Las empresas pueden aplicar métodos con cualquier *hardware* y *software* de apoyo disponible en el mercado, pero la clave es contar con especialistas en marketing que sepan diseñar una estrategia adaptada a las distintas aplicaciones tecnológicas.

A pesar del profundo debate sobre la tecnología, es importante señalar que la humanidad debe seguir siendo el foco central del marketing 5.0, ya que los profesionales del marketing deben servirse de lo tecnológico para crear, comunicar, ofrecer y mejorar el valor en todo el recorrido del cliente. El objetivo es crear una nueva experiencia de cliente (CX) sin fricciones y convincente (figura 1.1). Para lograrlo, las empresas deben lograr y aprovechar una simbiosis equilibrada entre la inteligencia humana y la informática.

FIGURA 1.1 La tecnología del futuro aplicada a la nueva experiencia de cliente (CX)

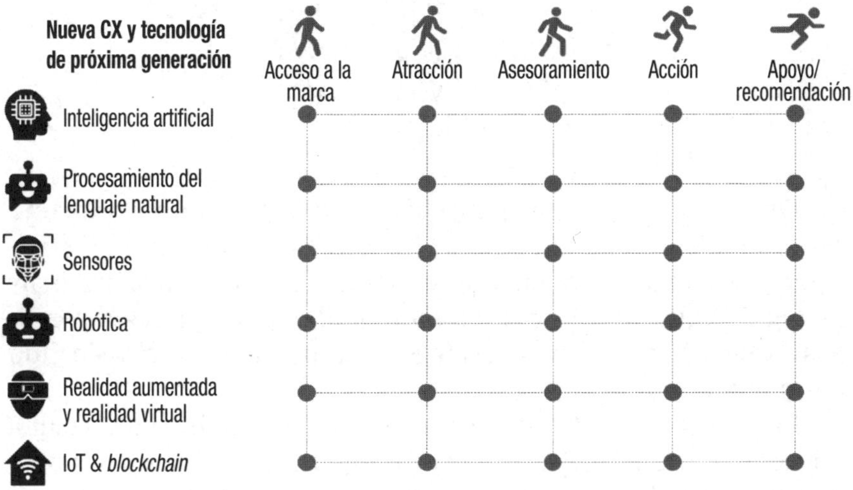

La IA tiene la capacidad de descubrir patrones de comportamiento de los clientes hasta ahora desconocidos basándose en montones de datos. Sin embargo, a pesar de su poder computacional, solo los humanos pueden entender a otros humanos. Los profesionales del marketing deben filtrar e interpretar los motivos subyacentes de las acciones de los clientes (figura 1.2), ya que la inteligencia humana es contextual y difusa. Nadie sabe cómo los expertos en marketing extraen ideas y desarrollan su saber, y los tecnólogos no han conseguido construir una máquina que pueda establecer una conexión a nivel humano con los clientes.

FIGURA 1.2 Cómo los humanos añaden valor al marketing tecnológico

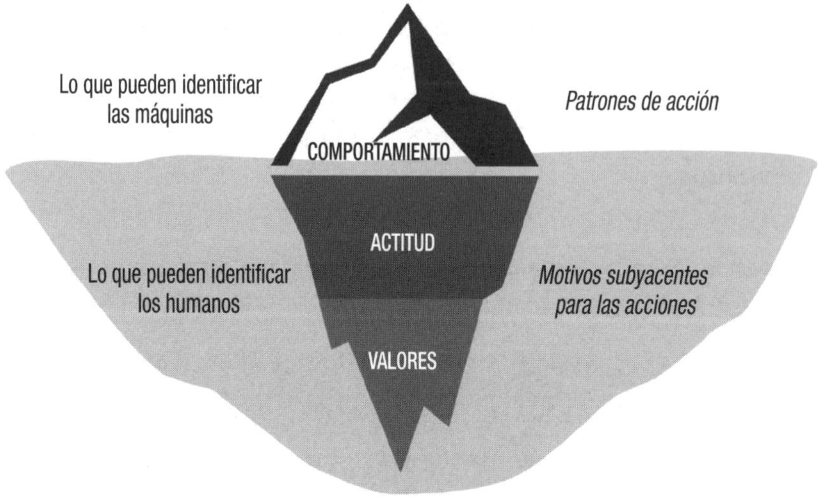

Dado que no podemos enseñar a los ordenadores lo que no sabemos identificar, el papel de los profesionales del marketing sigue siendo fundamental. Por lo tanto, el debate central del marketing 5.0 gira en torno a los puntos donde máquinas y personas se encuentran para aportar el máximo valor en el recorrido del cliente.

La tercera parte de este libro trata esto en detalle, pues resulta útil proporcionar las bases adecuadas a los profesionales antes de profundizar en las aplicaciones tácticas: el capítulo 5 ayuda a las empresas a evaluar su preparación para el uso de herramientas digitales avanzadas; el capítulo 6 muestra a los profesionales del marketing cómo familiarizarse con la tecnología, ya que el capítulo contiene una introducción al tema, y por último, el capítulo 7 analiza una lista completa de casos de éxito probados en la nueva CX.

5. Cómo la tecnología puede mejorar el marketing

El auge del marketing en redes sociales y en motores de búsqueda, así como el crecimiento exponencial del comercio electrónico, han integrado a los profesionales del marketing en los beneficios de la digitalización. Pero hacer marketing en un contexto digital implica mucho más que migrar clientes a canales digitales o gastar en medios digitales; la tecnología digital puede revolucionar el modo en que los profesionales del marketing ejerzan su actividad. Veamos las cinco formas en que la tecnología puede impulsar las prácticas de marketing:

1. Tomar decisiones más informadas, basadas en *big data*

El mayor producto secundario de la digitalización es el *big data*. En el contexto digital, cada punto de contacto con el cliente —transacciones, consultas telefónicas, correos electrónicos— queda registrado. Además, los clientes dejan su huella cada vez que navegan por Internet y publican algo en redes sociales. Dejando a un lado la preocupación por la privacidad, se trata de montañas de información que deben extraerse. Con una fuente de información tan rica, los profesionales del marketing pueden elaborar un perfil de los clientes a nivel granular e individual, generando un marketing personalizado a gran escala.

2. Predecir los resultados de las estrategias y tácticas de marketing

Ninguna inversión en marketing es una apuesta segura. Pero la idea de calcular el rendimiento de cada acción de marketing hace que este sea más responsable. Gracias a análisis basados en inteligencia artificial, es posible predecir el resultado antes de lanzar nuevos productos o campañas. El modelo predictivo tiene como objetivo descubrir patrones en esfuerzos de marketing anteriores y entender lo que funciona. Así, basándose en el aprendizaje, puede optimizarse el diseño para futuras campañas, lo que permite a los profesionales adelantarse a los acontecimientos sin poner en peligro a la marca.

3. Llevar la experiencia digital contextual al mundo físico

El seguimiento de usuarios de Internet permite ofrecer experiencias altamente contextuales, como páginas de destino personalizadas, anuncios relevantes y contenidos a medida. Esto da a las empresas nativas digitales una ventaja significativa frente a sus homólogas físicas. En la actualidad, los dispositivos y sensores conectados —el internet de las cosas— permiten a las empresas llevar los puntos de contacto contextuales al espacio físico, igualando las condiciones y facilitando una experiencia omnicanal sin fisuras, ya que identifican quiénes vienen a la tienda y ofrecen un trato personalizado.

4. Aumentar el aporte de valor del comercio de primera línea

En lugar de dejarse arrastrar por el debate «máquina versus humano», los profesionales del marketing pueden centrarse en crear una simbiosis optimizada con las tecnologías digitales. La IA, junto con el PLN, puede mejorar la productividad de las operaciones de cara al cliente, asumiendo tareas de menor valor y permitiendo al personal de primera línea adaptar su enfoque. Los *chatbots* pueden gestionar conversaciones sencillas y de gran volumen con respuestas instantáneas, y la RA y la RV ayudan a las empresas a ofrecer productos atractivos con una participación humana mínima. Así, los vendedores de primera línea pueden concentrarse en ofrecer interacciones sociales precisas cuando sean necesarias.

5. Acelerar la ejecución del marketing

Las preferencias de los clientes activos cambian constantemente, por lo que las empresas deben sacar provecho de ventanas de oportunidad más cortas. Para hacer frente a este reto, es recomendable inspirarse en las prácticas ágiles de las *start-ups lean*, que se basan en gran medida en la tecnología para realizar experimentos de mercado rápidos y validación en tiempo real. En lugar de crear productos o campañas desde cero, las empresas pueden basarse en plataformas de código abierto y aprovechar el modelo de cocreación para acelerar la salida al mercado. Este enfoque, sin embargo, requiere no solo del respaldo de la tecnología, sino también de una actitud y mentalidad ágiles.

6. Cinco componentes del marketing 5.0

En esencia, la tecnología permite un enfoque de marketing impulsado por los datos, predictivo, contextual, aumentado y ágil. Basándonos en las formas en que la tecnología avanzada añade valor al marketing, veamos los cinco componentes fundamentales del marketing 5.0. Este se construye alrededor de tres aplicaciones interrelacionadas: marketing predictivo, marketing contextual y marketing aumentado. Pero esas aplicaciones se basan a su vez en dos disciplinas organizativas: marketing basado en datos y marketing ágil (figura 1.3). La cuarta parte del libro está dedicada a estos cinco elementos, pero veamos en qué consisten.

FIGURA 1.3 Los cinco elementos del marketing 5.0

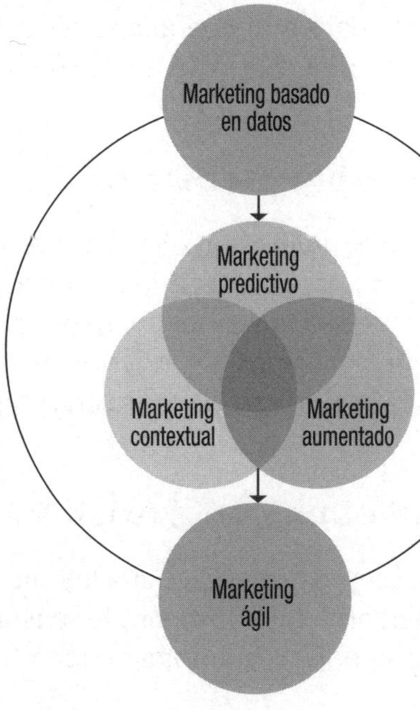

Disciplina 1. Marketing basado en datos

Actividad de recopilación y análisis de *big data* procedente de diversas fuentes internas y externas, así como la construcción de un ecosistema de datos para impulsar y optimizar las decisiones de marketing. Esta disciplina funda la primera norma del marketing 5.0: toda decisión debe tomarse con suficientes datos a mano.

Disciplina 2. Marketing ágil

Uso de equipos descentralizados e interfuncionales para conceptualizar, diseñar, desarrollar y validar rápidamente productos y campañas de marketing. La agilidad organizativa para hacer frente al mercado en constante cambio se convierte en la segunda disciplina que las empresas deben dominar para garantizar el éxito de la implantación del marketing 5.0.

Las dos disciplinas se intercalarán en los capítulos de la cuarta parte. Y el marketing basado en datos se tratará en el capítulo 8, mientras que el marketing ágil se explorará en el último capítulo, el 12. Para que las empresas pongan en marcha las tres aplicaciones del marketing 5.0, deben empezar por construir su capacidad basada en los datos. Al final, lo que realmente hará o romperá la implementación de este modelo es la agilidad de la organización a la hora de ejecutarlo.

Aplicación 1. Marketing predictivo

Proceso de creación y uso de análisis predictivos, a veces acompañado de aprendizaje automático, para predecir los resultados de las actividades de marketing antes de su lanzamiento. Esta primera aplicación permite a las empresas prever cómo responderá el mercado e influir en él de forma proactiva. (Este concepto se revisa en el capítulo 9).

Aplicación 2. Marketing contextual

Identificar y perfilar, así como proporcionar a los clientes interacciones personalizadas, mediante la utilización de sensores e interfaces digitales en el espacio físico. Es la columna vertebral, pues permite a los profesionales realizar un marketing personalizado en tiempo real y en función del contexto del cliente. (Este concepto se analiza en detalle en el capítulo 10).

Aplicación 3. Marketing aumentado

Mejorar la productividad de los vendedores de cara al cliente mediante tecnologías que imitan a los humanos, como *chatbots* o asistentes virtuales.

Esta tercera aplicación garantiza que los vendedores combinen la velocidad y la comodidad de la interfaz digital con la calidez y la empatía de los puntos de contacto centrados en las personas. Este concepto se analizará en profundidad en el capítulo 11.

Las tres aplicaciones están interconectadas y, por tanto, no se excluyen mutuamente.

Consideremos este ejemplo: la empresa X crea un modelo de marketing predictivo para predecir qué producto comprará un cliente con un perfil demográfico específico. Para que este modelo funcione, la empresa debe instalar varios sensores en el punto de venta, que incluyen una cámara de reconocimiento facial conectada a un quiosco digital de autoservicio. Cuando un cliente con el perfil demográfico adecuado se acerque al quiosco, la cámara captará un estímulo y enviará una señal a la pantalla para mostrar un anuncio contextual que ofrezca el producto recomendado por el modelo predictivo. El cliente también puede utilizar la interfaz digital de forma personalizada. Al mismo tiempo, la empresa X también cuenta con personal de primera línea, dotado de herramientas digitales sugeridas por el modelo predictivo, con la capacidad de ayudar al cliente cuando la opción de autoservicio no resulte satisfactoria.

RESUMEN. TECNOLOGÍA PARA LA HUMANIDAD

El marketing 5.0 toma como base el carácter humano del marketing 3.0 y la capacidad tecnológica del marketing 4.0. Se define como el uso de tecnologías que imitan al ser humano para crear, comunicar, ofrecer y mejorar el valor de la experiencia global del cliente. Comienza por trazar el recorrido del cliente e identificar los puntos donde las tecnologías de marketing (*martech*) pueden añadir valor y mejorar el rendimiento de los profesionales del marketing humano.

Las empresas que aplican el marketing 5.0 deben estar orientadas a los datos desde el principio. Construir un ecosistema de datos es el requisito previo para aplicar este tipo de marketing, porque permite un sistema predictivo para estimar el rendimiento potencial de cada inversión en marketing. También permite a los profesionales ofrecer un marketing personalizado y contextual a cada cliente en el punto de venta. Por último, los responsables de marketing de primera línea pueden diseñar una interfaz perfecta de la mano de los clientes mediante el marketing aumentado. Todos estos elementos de ejecución requieren de agilidad corporativa para dar respuestas en tiempo real a los cambios de mercado.

PREGUNTAS PARA REFLEXIONAR

- ¿La implementación de tecnologías digitales en tu organización ha ido más allá del marketing en redes sociales y el comercio electrónico?
- ¿Qué tecnologías avanzadas crees que aportarían valor a tu organización?

PARTE II

DESAFÍOS A LOS QUE SE ENFRENTAN LOS ESPECIALISTAS EN MARKETING EN UN MUNDO DIGITAL

CAPÍTULO 2

BRECHA GENERACIONAL

1. Marketing para *baby boomers*, X, Y, Z y alfa

A una joven de 25 años, subdirectora de marketing, se le asignó el diseño de un anuncio impreso para un nuevo producto destinado a *millennials*. Tras entrevistar a una muestra de clientes potenciales, elaboró un bonito anuncio con un gráfico llamativo y un texto de una línea, seguido de un enlace al sitio web como llamada a la acción. Sin embargo, su director de marketing, de 50 años, se quejó de la falta de detalles sobre las características, ventajas y beneficios del producto. Pensando que su jefe no entendía el enfoque de marketing minimalista para los *millennials*, dejó su trabajo, confirmando irónicamente la creencia de su jefe de que el personal más joven no puede aceptar las críticas.

Hoy en día, este desajuste generacional se da en muchas organizaciones. Los profesionales del marketing de todo el mundo se enfrentan al reto de atender a cinco generaciones diferentes: *baby boomers*, generación X, generación Y, generación Z y generación alfa. Las cuatro primeras constituyen la mano de obra; la mayoría de los *baby boomers* siguen en activo. Sin embargo, la generación X ocupa ahora la mayor parte de los puestos de liderazgo a nivel mundial, la generación Y es la más numerosa en cuanto a mano de obra, y la generación Z es la más reciente. Todas tienen diferentes niveles de conocimiento de la tecnología, por lo que observar el mercado a través de un lente generacional permite identificar la mejor manera de aplicar el marketing 5.0.

2. Desafíos de servir a diferentes generaciones

Cada generación está formada por un entorno sociocultural y una experiencia vital diferentes. Por ejemplo, la generación X —cuyos padres estaban divorciados o ambos trabajaban— creció con un nivel mínimo de crianza. Como jóvenes adultos, recibieron mucha influencia cultural a través de los vídeos musicales de la MTV, por lo que valoran más el equilibrio entre la vida laboral y personal que otras generaciones y se consideran más independientes y creativos. Como adultos, experimentaron el mundo sin y con Internet, lo que les permite adaptarse bien tanto a lugares de trabajo tradicionales como a digitales.

Además, cada generación tiene preferencias y actitudes diversas hacia productos y servicios, lo que conlleva ofertas, experiencias de cliente e incluso modelos de negocio de cortes diversos. La generación Y, por ejemplo, da más prioridad a la experiencia que a la propiedad. Prefieren utilizar Uber a ser propietarios de un coche, lo que a su vez ha provocado el aumento de todo tipo de servicios a la carta y el cambio en los modelos de negocio de venta de productos a venta de suscripciones. De hecho, es una generación que prefiere el *streaming* en Spotify a comprar un álbum de música.

A pesar de entender las distintas necesidades de cada generación, la mayoría de las empresas no están bien posicionadas para servirlas a todas. A menudo, se ven atrapadas en una cartera rígida de productos y servicios que no permite la personalización por generación, lo que obliga a muchas empresas a servir como mucho a dos o tres generaciones al mismo tiempo. Estas también luchan por adaptarse al reducido ciclo de vida de los productos, reflejo de las necesidades y deseos siempre cambiantes de las generaciones más jóvenes. Muchas empresas de todos los sectores —automóviles, electrónica, alta tecnología, bienes de consumo enlatados y moda— se sienten presionadas para desarrollar rápidamente nuevos productos y obtener beneficios con márgenes muy estrechos.

La segmentación también crea un dilema, ya que la mayor parte del valor se crea cuando las marcas se dirigen a los *baby boomers* y a la generación X, con sus poderosos recursos y su alto poder adquisitivo, pero la mayor parte del valor de la marca se crea cuando es respaldada tanto por la generación Y como por la Z, por su factor de frescura y sus conocimientos digitales. Y, lo que es más importante, estas generaciones empiezan ya a influir en sus padres *baby boomers* o de la generación X en muchas decisiones de compra. Es esencial equilibrar dos objetivos: maximizar la creación de valor para el presente y empezar a posicionar las marcas para el futuro.

3. Las cinco generaciones

Cada cliente es único y, con el apoyo de la tecnología, el marketing puede realizarse uno a uno, impulsado por la personalización a nivel individual. En el futuro, los profesionales del marketing atenderán uno a uno, mediante un conjunto único de preferencias y comportamientos. Sin embargo, es útil ver la dirección general de la evolución del marketing observando el mercado principal al que servirán las empresas en el futuro. Comprender el cambio demográfico colectivo en el mercado es la forma fundamental de predecir hacia dónde se dirige el marketing.

El enfoque generacional es una de las formas más populares de segmentación del mercado de masas. La premisa es que quienes han nacido y crecido en el mismo período han vivido los mismos acontecimientos significativos y, por tanto, comparten experiencias socioculturales y es probable que posean conjuntos de valores, actitudes y comportamientos similares. En la actualidad, conviven cinco generaciones: *baby boomers*, generación X, generación Y, generación Z y generación alfa (figura 2.1).

Baby boomers: el poder económico del envejecimiento

Los *baby boomers* nacieron entre 1946 y 1964. El término *baby boom* se refiere a la alta tasa de natalidad en Estados Unidos —y en muchas otras partes del mundo— tras el final de la Segunda Guerra Mundial. Con la seguridad y la economía de la posguerra, muchas parejas decidieron tener hijos, que se convirtieron en el principal mercado objetivo de los vendedores de la época.

FIGURA 2.1 Las cinco generaciones y sus preferencias de marca

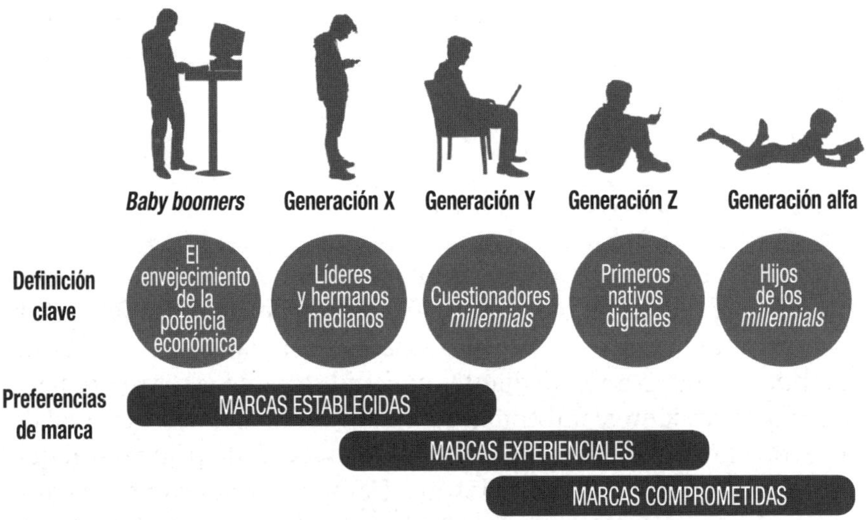

Los primeros *boomers*, que eran adolescentes en los agitados años 60, se criaron en familias relativamente acomodadas. Sin embargo, su adolescencia transcurrió entre las tensiones sociopolíticas de la década. Por ello, a menudo se les asocia con el movimiento de la contracultura en Estados Unidos y otros países occidentales. Muchos conceptos no convencionales, como el activismo social, el ecologismo y el estilo de vida *hippie*, surgieron durante esta época, y este movimiento de contracultura se disparó con el auge de la televisión y la publicidad, así como con la ola del «nuevo Hollywood».

A diferencia de los primeros *boomers*, los más tardíos —conocidos como generación Jones— vivieron una adolescencia turbulenta en los años 70. Al tener padres trabajadores, vivían de forma independiente y trabajaron desde muy jóvenes. Esta subgeneración dentro de los *baby boomers* fue la precursora de la generación X, con la que comparten muchas características similares.

Debido a su gran tamaño y al auge económico de la posguerra en Estados Unidos durante su formación, los *baby boomers* se han convertido en una de las principales fuerzas económicas. Durante muchas décadas, fueron el centro de atención de los profesionales del marketing, antes de que la generación Y los superara en número. Hoy en día, al tener una vida más sana y larga, cada vez más *baby boomers* retrasan su jubilación y prolongan sus carreras más allá de los 65 años. Sobre todo cuando ocupan funciones ejecutivas, la generación más joven suele criticarlos por su falta de voluntad para adoptar nuevas tecnologías y romper con la sabiduría empresarial convencional.

Generación X: síndrome del hermano mediano

La generación X es un grupo demográfico de personas nacidas entre 1965 y 1980. Ensombrecida y emparedada por la popularidad de los *baby boomers* y de la generación Y, ha quedado fuera del radar entre los profesionales del marketing, razón por la cual se la conoce como «el hijo mediano olvidado». Este grupo vivió los turbulentos años 70 y los inciertos años 80 durante su infancia y adolescencia, pero se incorporó a la vida laboral en una situación económica mejor. Se relacionan bien con el concepto de «amigos y familia». Al haber crecido en familias con dos fuentes de ingresos o divorciadas, pasaban menos tiempo con su familia de niños y se relacionaban más con sus amigos. La fuerte relación con sus compañeros dentro de la generación X dio lugar a distintas representaciones de amistad en programas de televisión de éxito de los 90, como *Beverly Hills, 90210* y *Friends*.

Llegados a la edad mediana, experimentaron importantes cambios en la tecnología de consumo, lo que influyó en su gran capacidad de adaptación. Crecieron viendo vídeos musicales de la MTV y escuchando cintas en su *walkman*. En la edad adulta, se encontraron con el CD y el MP3, así como con retransmisiones de audio, y fueron testigos del auge y el declive del alquiler de DVD y del cambio a la retransmisión de vídeo. Y, lo que es más importante, su entrada en el mundo laboral estuvo marcada por el crecimiento de Internet, por lo que fueron los primeros en adoptar la conectividad.

Aunque la mayoría de los profesionales del marketing la pasan por alto, la generación X se ha convertido en una de las más influyentes en la mano de obra actual. Con una experiencia laboral media de 20 años y una fuerte ética de trabajo, ha ocupado la mayoría de los puestos de liderazgo en las empresas. Al encontrar más dificultades para ascender en la escala empresarial debido a la prolongación de la jubilación de los *baby boomers*, muchos miembros de la generación X dejaron sus empresas a los cuarenta años, crearon sus propios negocios y se convirtieron en empresarios de éxito.

Generación Y: la generación del milenio

La generación Y —los nacidos entre 1981 y 1996— ha sido de la que más se ha hablado en las últimas décadas. Puesto que alcanzaron la mayoría de edad en el nuevo milenio, se les conoce como *millennials*. Fruto de otro período de *baby boom*, la mayoría son hijos de *baby boomers* y, por ello, se les conoce también como «generación *echo boomer*». En general, recibieron más y mejor educación que las generaciones anteriores y son más culturalmente diversos.

También es la primera generación fuertemente asociada al uso de redes sociales. A diferencia de la generación X, que utilizó Internet por primera vez en el trabajo por motivos profesionales, la generación Y conoció Internet a una edad mucho más temprana, por lo que ha integrado las redes sociales y otros medios tecnológicos en sus objetivos personales.

En redes sociales, son muy abiertos en cuanto a expresarse y a menudo se comparan con sus compañeros, de quienes sienten la necesidad de obtener validación y aprobación. En consecuencia, son fácilmente influenciables por los discursos y las compras de otros *millennials*. De hecho, confían más en ellos que en las marcas establecidas. La generación Y investiga y compra mucho por Internet, sobre todo a través de sus teléfonos móviles. Pero sus necesidades adquisitivas son menores que en generaciones anteriores, ya que se caracterizan por preferir la experiencia a la propiedad. No se centran en acumular riqueza y activos, sino en coleccionar historias de vida.

Debido a su educación superior, diversidad y exposición a contenido ilimitado, la generación Y es más abierta de mente e idealista. Lo cuestionan todo, lo que les hace propensos a desarrollar conflictos en el lugar de trabajo con las generaciones mayores, que esperan que sigan las normas. Al igual que sus padres *baby boomers*, los *millennials* se suelen clasificar en dos subgeneraciones. Los *millennials* de más edad —nacidos en la década de 1980— se incorporaron al mundo laboral durante la crisis financiera de 2008 y sufrieron sus consecuencias, enfrentándose a un mercado laboral muy difícil e incluso creando en algunos casos sus propias empresas. Debido a una experiencia laboral muy competitiva, tienden a separar claramente su vida personal de la profesional. Los *millennials* más jóvenes —nacidos en la década de 1990—, en cambio, experimentaron un mercado laboral menos agresivo, por lo que tienden a mezclar la vida personal con la profesional, y buscan trabajos que les gusten; en otras palabras, el trabajo tiene que resultarles satisfactorio.

La subgeneración de más edad es una «generación puente», porque aprendió a adaptarse tanto al mundo digital como al físico, igual que la generación X. La subgeneración más joven, sin embargo, se parece más a la generación Z, ya que adoptaron Internet a una edad muy temprana y ven el mundo digital como una extensión sin fisuras del mundo físico.

Generación Z: los primeros nativos digitales

Los profesionales del marketing están dirigiendo su atención a la generación Z, también conocida como *centennials*, que nació entre 1997 y 2009. Muchos de los miembros de la generación Z han sido testigos de las dificultades económicas de sus padres y hermanos mayores, por lo que están más concienciados con las finanzas que la generación Y. Tienden a ahorrar dinero y consideran la estabilidad económica como un factor esencial en sus elecciones profesionales.

Nacidos cuando Internet ya se había generalizado, se les considera los primeros nativos digitales. Al no tener experiencia de vivir sin Internet, entienden las tecnologías digitales como una parte indispensable de la vida cotidiana y se conectan a través de sus dispositivos digitales para aprender, informarse, comprar y establecer redes sociales. Consumen contenidos continuamente a través de múltiples pantallas, incluso cuando se encuentran en situaciones sociales. Como resultado, para ellos prácticamente no existen fronteras entre el mundo *online* y el *offline*. Quienes pertenecen a la generación Z, en parte gracias a las redes sociales, registran su vida cotidiana en forma de fotos y vídeos, pero, a diferencia de los de la generación Y, que son idealistas y publican imágenes pulidas y filtradas de sí mismos para construir su marca personal, son pragmáticos y prefieren mostrar versiones auténticas y sinceras de sí mismos, por lo que odian las marcas que difunden imágenes retocadas y demasiado buenas para ser verdad.

Dado que la disposición a compartir información personal es relativamente mayor en la generación Z que en las generaciones anteriores, quieren que las marcas sean capaces de ofrecer contenidos, ofertas y experiencias de cliente personalizadas. También esperan que las marcas les permitan controlar y personalizar la forma en que consumen los productos o servicios. Debido al gran volumen de contenidos dirigidos a ellos, la generación Z valora mucho la conveniencia de la personalización y la adaptación.

Al igual que la generación Y, la generación Z está muy preocupada por el cambio social y la sostenibilidad medioambiental. Debido a su pragmatismo, confían más en sus funciones para impulsar el cambio a través de sus decisiones cotidianas y prefieren las marcas que ponen un fuerte énfasis en la resolución de problemas sociales y medioambientales. Creen que sus elecciones de marca obligan a las empresas a mejorar sus prácticas de sostenibilidad y también les apasiona marcar la diferencia a través del voluntariado, por lo que esperan que sus empleadores proporcionen una plataforma que lo permita.

La generación Z también busca un compromiso constante a lo largo de su relación con las marcas. Esperan que estas sean igual de estimulantes que sus dispositivos móviles y de juego, que renueven siempre su oferta y que ofrezcan nuevas experiencias interactivas a los clientes en cada punto de contacto. Si no se cumple esta expectativa, la fidelidad a la marca es baja. Las empresas que se dirigen a la generación Z deben hacer frente a un ciclo de vida del producto muy reducido.

En la actualidad, la generación Z ya ha superado a la generación Y como generación más numerosa a nivel mundial. En 2025, constituirán la mayor parte de la mano de obra y, por tanto, se convertirán en el mercado más importante de productos y servicios.

Generación alfa: los hijos de los *millennials*

La generación alfa está formada por los nacidos entre 2010 y 2025, lo que los convierte en los primeros niños del siglo XXI. Acuñado por Mark McCrindle, el nombre proveniente del alfabeto griego describe una generación completamente nueva que será moldeada por la convergencia tecnológica. No solo son nativos digitales, sino que también están muy influenciados por los comportamientos digitales de sus padres (generación Y) y hermanos mayores (generación Z). El lanzamiento del primer iPad —el dispositivo al que la mayoría de los niños están apegados— marcó la aparición de esta generación en 2010.

El carácter de la generación alfa está muy marcado e influenciado por el estilo de crianza de sus padres de la generación Y, que, al casarse a edades más avanzadas, ponen más énfasis en la crianza y la educación de sus hijos. También les hablan de dinero y de finanzas desde edades muy tempranas y los crían en entornos urbanos diversos y acelerados. Por tanto, la generación alfa no solo está bien educada y es experta en tecnología, sino que también es inclusiva y social.

Criada por la generación Y e influenciada por la generación Z, la generación alfa ha consumido activamente contenidos en dispositivos móviles desde la infancia. Con un tiempo de exposición a la pantalla relativamente más largo que el de generaciones anteriores, ven vídeos en línea y juegan a diario con sus dispositivos móviles. Algunos tienen sus propios canales de YouTube y cuentas de Instagram creadas y gestionadas por sus padres.

La generación alfa está más abierta a contenidos de marca, como canales de revisión de juguetes en YouTube, pues su estilo de aprendizaje es práctico y experimental. Se sienten muy cómodos jugando con juguetes tecnológicos, dispositivos inteligentes y *wearables*, porque ven la tecnología no solo como una parte integral de sus vidas, sino también como una extensión de sí mismos. A medida que crezca, la generación alfa seguirá adoptando y utilizando tecnologías que imitan a los humanos, como inteligencia artificial, comandos de voz y robots.

En la actualidad, la generación alfa aún no tiene gran poder adquisitivo, pero sí una fuerte influencia en el gasto de los demás. Una investigación de Google/Ipsos revela que el 74 % de los padres de esta generación involucran a sus hijos en las decisiones del hogar. Además, algunos niños se han convertido en *influencers* en redes sociales, como modelos para otros niños. Un informe de Wunderman Thompson Commerce muestra que el 55 % de los niños de Estados Unidos y Reino Unido querrían comprar lo que usan sus *influencers* favoritos. Por lo tanto, es solo cuestión de tiempo que se conviertan en el centro de atención comercial a nivel mundial.

4. Las etapas de vida de las cinco generaciones

Para entender lo que es esencial para las cinco generaciones hay que analizar las etapas vitales por las que pasan. En general, el desarrollo humano se divide en cuatro etapas: la fundamental, la de vanguardia, la de fomento y la final (figura 2.2). Cada etapa de la vida suele abarcar unos 20 años y, cuando se pasa a la siguiente, los objetivos y las prioridades vitales cambian considerablemente.

La primera es la etapa fundamental, en la que la atención se centra en el aprendizaje. Durante los primeros 20 años de vida, exploramos el entorno para ir adaptándonos a él; integramos conocimientos y habilidades no solo desde una educación formal, sino desde las amistades y las relaciones sociales; y también comienza la búsqueda de identidad propia y de razón de ser.

FIGURA 2.2 Etapas de la vida humana y prioridades clave

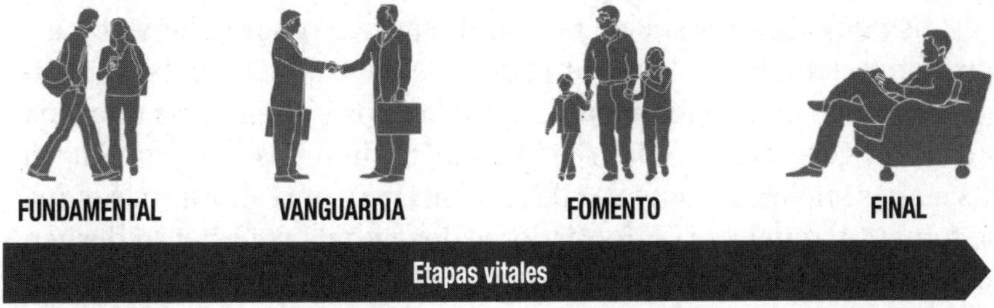

Fundamental
- Explorar y adaptarse al entorno
- Aprender y desarrollar habilidades vitales
- Descubrir la identidad personal

Vanguardia
- Aceptar riesgos y perseguir los sueños
- Ganarse la vida y forjarse una carrera
- Empezar una relación romántica comprometida

Fomento
- Abrazar la paternidad y la vida de familia
- Asesorar y liderar en el trabajo
- Contribuir a la sociedad

Final
- Mantener la salud y las relaciones sociales
- Impartir sabiduría a generaciones jóvenes
- Disfrutar de la vida y ser feliz

La segunda se denomina etapa de vanguardia. Durante el segundo período de 20 años, pasamos del aprendizaje al trabajo. Cuando empezamos a ganarnos la vida y a construir una carrera, nos volvemos más independientes y, como la salud suele estar en su punto álgido durante esta etapa, estamos más dispuesto a correr riesgos y a explorar la vida al máximo. Este también es el momento de inicio de las relaciones románticas.

Al entrar en la tercera etapa, la de fomento, empezamos a sentar cabeza y a formar una familia. Tendemos a un estilo de vida más saludable, tras el período de mayor estrés que caracteriza la segunda etapa. También dedicamos más tiempo a cuidar de los demás. En casa, nos centramos en la paternidad y la vida familiar, mientras que en el trabajo ponemos el foco en la formación y el entrenamiento de las generaciones más jóvenes. Contribuir a la sociedad también se convierte en un objetivo vital clave durante esta etapa de la vida.

En la última etapa, intentamos adaptarnos a la vejez y seguir siendo felices. Este período consiste principalmente en gestionar el deterioro de la salud y las relaciones sociales. Las personas se centran en disfrutar de la vida embarcándose en actividades significativas y satisfactorias. Llenos de reflexiones y de lecciones vitales, empezamos a desarrollar sabiduría y nos proponemos impartir lo que hemos aprendido a las generaciones más jóvenes.

Los *baby boomers* suelen tardar 20 años en pasar de una etapa a otra. En la actualidad, la mayoría de los *boomers* están en la etapa final y retrasan la jubilación para seguir activos y asegurarse una vida plena. La generación X ha seguido un camino bastante similar en sus etapas vitales. La mayoría de ellos se encuentra ahora en la etapa de fomento: muchos son fundadores de éxito de *start-ups* o dirigen nuevas empresas ahora que viven sus 40 años. Se centran en el equilibrio entre la vida laboral y la personal, al tiempo que contribuyen a la sociedad.

La generación Y sigue un camino ligeramente diferente. Alcanzan los hitos tradicionales de la vida, como el matrimonio y el nacimiento de los hijos, a una edad mucho mayor. Por el contrario, alcanzan otros hitos vitales importantes, especialmente en lo que respecta a la carrera profesional y las contribuciones a la sociedad, a una edad mucho más temprana. La generación Y no está dispuesta a subir la escalera corporativa tradicional al mismo ritmo que los *baby boomers* y la generación X. Quieren catapultarse a la cima cambiando frecuentemente de trabajo o creando su propio negocio a una edad temprana. Por ello, pasan de una etapa a otra a mayor velocidad que los *baby boomers*. En la actualidad, se supone que todavía están en la etapa de vanguardia, pero algunos ya tienen una mentalidad de fomento. También valoran el equilibrio entre vida y trabajo a una edad mucho más temprana. Su estilo de liderazgo se basa en el empoderamiento de los demás a través del *coaching* y está impulsado por un propósito social. Aunque sus vidas están rodeadas de tecnología, la generación Y pone más énfasis en la interacción entre humanos, que es la piedra angular de la etapa de fomento de la vida.

Lo más seguro es que la generación Z y la generación alfa también tengan etapas vitales más cortas y, por lo tanto, adopten mentalidades maduras a una edad más temprana. Están más dispuestos a asumir riesgos y a aprender haciendo, fusionando esencialmente las etapas fundamental y de vanguardia. Tienen fuertes deseos de contribuir a la sociedad, incluso cuando son menores de 20 años. Su perspectiva de la tecnología no es superficial; no ven la tecnología como un mero truco, sino como un elemento esencial para hacer las cosas con rapidez y precisión, lo que permite centrarse en lo que realmente importa.

El acortamiento de las etapas vitales tiene profundas implicaciones para el enfoque de marketing. Para servir a la generación Z y a la generación alfa —las dos generaciones más importantes de la próxima década— no solo debemos aplicar la tecnología, sino utilizarla para permitir soluciones centradas en el ser humano.

5. Brecha generacional y la evolución del marketing

En nuestra opinión, el marketing debe reescribirse como marketing, ya que evoluciona continuamente para adaptarse al mercado en constante cambio (figura 2.3).

FIGURA 2.3 Las cinco generaciones y la evolución del marketing

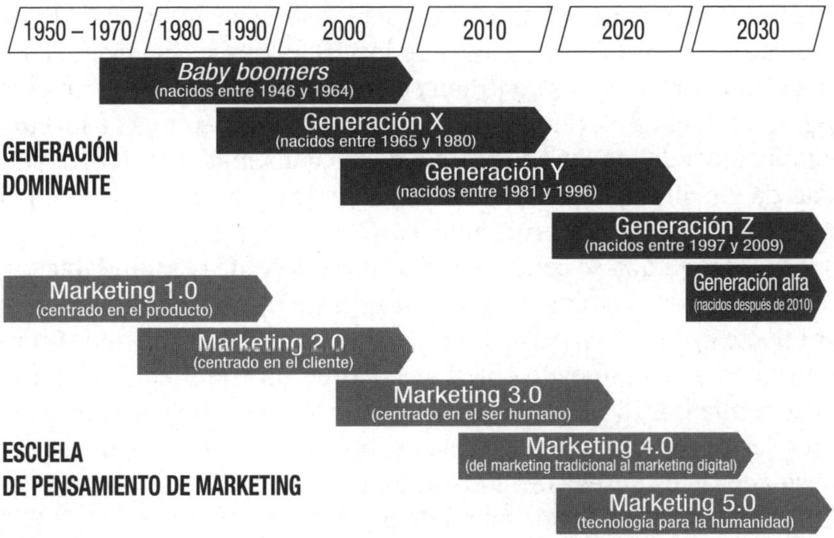

Marketing 1.0: centrado en el producto

El marketing 1.0 o marketing centrado en el producto, que comenzó en Estados Unidos en la década de 1950, se desarrolló principalmente para atender a los ricos *baby boomers* y a sus padres. El principal objetivo era crear productos y servicios perfectos que produjeran un valor mayor en la mente de los clientes. Se impusieron aquellos productos y servicios que superaban en características a los de los competidores. Al tener mejores beneficios para los clientes, las empresas exigían precios más altos durante un largo período. Así, los conceptos esenciales de marketing creados durante esta época se centraron en el desarrollo y la gestión del ciclo de vida de los productos, así como en las 4P: producto, precio, plaza (distribución) y promoción (comunicación). La satisfacción del cliente se convirtió en el objetivo principal.

Sin embargo, el mayor inconveniente de la era del marketing 1.0 fue que las empresas a menudo hacían que los consumidores consumieran lo que no necesitaban, lo que a su vez creó la cultura del consumismo.

Marketing 2.0: centrado en el cliente

Tras los movimientos contraculturales —y anticonsumistas— desde mediados de los 60 a mediados de los 70, el marketing evolucionó hacia una fórmula más centrada en el cliente. Esto se vio reforzado por la recesión de principios de los 80, que provocó una reducción significativa del poder adquisitivo de los consumidores. La frugalidad de los últimos *boomers* y de la generación X se convirtió en el principal reto para los profesionales del marketing.

Así, esta etapa se centró en la comprensión de la segmentación, la focalización y el posicionamiento. Las empresas ya no creaban productos y servicios perfectos para todo el mundo, sino que aprendieron sobre su mercado objetivo y definieron con precisión su posicionamiento. También eliminaron todo lo accesorio y se centraron en seleccionar las características del producto en función de las necesidades y los deseos del consumidor. Esto se reflejó en la adaptación de los precios a cada mercado objetivo.

Las empresas también se esforzaron por construir una relación con los clientes a lo largo del tiempo: los responsables de marketing pusieron el foco en la gestión de las relaciones con los clientes para retenerlos y evitar que se fueran a la competencia. El objetivo pasó de la satisfacción a la retención del cliente.

Marketing 3.0: centrado en el ser humano

El ascenso de la generación Y —y la crisis financiera mundial— a finales de la década de 2000 provocó otra importante evolución del marketing. La generación Y, fortalecida por el libre acceso a la información y perturbada por los escándalos de la industria financiera, desarrolló un bajo nivel de confianza hacia aquellas empresas con fines exclusivamente lucrativos. La generación Y exigió que las empresas crearan productos, servicios y culturas que tuvieran un impacto social y medioambiental positivo, y así surgió la era del marketing centrado en el ser humano o marketing 3.0. Las empresas empezaron a incorporar a su modelo de negocio prácticas de marketing éticas y socialmente responsables.

Marketing 4.0: de lo tradicional a lo digital

La digitalización complementa la tendencia hacia la centralidad humana, y la generación Y —y, en cierta medida, la generación Z— avanzan hacia una economía digital. El auge de Internet móvil, de las redes sociales y del comercio electrónico cambió el camino que sigue el cliente hacia la compra, y los vendedores se adaptaron a este cambio comunicando y ofreciendo productos y servicios mediante una presencia omnicanal. Se pasó de un enfoque tradicional a uno digital, aplicando un marketing 4.0.

Marketing 5.0: tecnología para la humanidad

Con el auge de la generación Z y la generación alfa, ha llegado el momento de que el marketing evolucione una vez más. El interés y la preocupación principales de estas dos generaciones más jóvenes apuntan en dos direcciones: aportar cambios positivos a la humanidad y mejorar la calidad de las vidas humanas; e impulsar el avance de la tecnología en todos los aspectos de la humanidad. Para servir a la generación Z y a la generación alfa, los profesionales del marketing deben seguir adoptando las tecnologías venideras para mejorar la vida de los seres humanos. En otras palabras, el marketing 5.0 integra el marketing 3.0 (centrado en el ser humano) y el marketing 4.0 (basado en la tecnología).

RESUMEN. BRECHA GENERACIONAL

En la próxima década, la generación X ocupará casi todos los puestos de liderazgo en el mundo del marketing. También será la única generación que haya vivido y adoptado el marketing 1.0, 2.0, 3.0 y 4.0 a lo largo de su vida. Con el apoyo de los mandos intermedios de la generación Y, la generación X encabezará las iniciativas de marketing de las empresas para atender a la generación Z y a la generación alfa.

Estas dos generaciones más jóvenes serán los catalizadores del marketing 5.0, la integración entre el marketing 3.0 y el marketing 4.0, ya que les preocupa cómo la tecnología puede fomentar y mejorar la humanidad, facilitar la vida y crear felicidad. Las empresas que puedan ganarse la confianza de la generación Z y la generación alfa superarán a su competencia en la era del marketing 5.0.

PREGUNTAS PARA REFLEXIONAR

- ¿A qué generaciones sirve tu organización hoy? ¿Has comprendido completamente sus preferencias y comportamientos?
- ¿Está tu organización bien posicionada para el futuro? En otras palabras, ¿estás preparando a tu empresa para servir a los nativos digitales: generación Z y generación alfa?

CAPÍTULO 3

POLARIZACIÓN DE LA PROSPERIDAD

1. Fomentar la inclusión y la sostenibilidad social

El hoyo es una película de suspense distópica ambientada en una torre con cientos de plantas que funciona como prisión. Dos reclusos son emparejados al azar en cada planta y se alimentan diariamente a través de una plataforma móvil que sirve distintos tipos de comida *gourmet* y que va descendiendo desde la planta superior a la inferior. Los reclusos de los niveles superiores pueden comer todo lo que quieran y dejar el resto a los niveles inferiores. Debido a la avaricia y el egoísmo de los que están en los pisos superiores, la mayoría de los presos se quedan con las sobras. Pasado cierto nivel, no queda comida, y los de abajo se mueren de hambre.

Existe la posibilidad de resolver el problema. Los presos rotan de piso cada mes, por lo que pasan por momentos de indulgencia y de hambre. Y saben que hay suficiente comida para todos si se racionan las comidas. Pero, como todos se esfuerzan por sobrevivir en algún momento, nadie tiene empatía hacia los demás. La historia refleja el clásico «dilema del prisionero»: los individuos que actúan por interés propio no suelen producir el mejor resultado posible.

La película ha sido aclamada por la crítica porque su mensaje resuena entre nosotros. Simboliza los desequilibrios de la sociedad y la ignorancia social que los provoca: los de arriba prosperan mientras los de abajo sufren. Y la mayoría no parece interesada en cerrar la brecha. La metáfora también refleja el reto de la sostenibilidad al que nos enfrentamos, donde las generaciones actuales explotan el medioambiente sin pensar en lo que dejarán a generaciones futuras.

De hecho, uno de los retos más difíciles de la humanidad es la creciente brecha entre ricos y pobres, que resulta en una sociedad extremadamente polarizada en todas las facetas de la vida. Los debates sobre igualdad de género, energías limpias y ciudades inteligentes solo parecen surgir entre las élites, mientras que en el otro extremo del espectro se lucha por salir de la pobreza, por acceso a alimentos, atención sanitaria y saneamiento básico. A menudo, el cambio social no logra atravesar el abismo que separa a los ricos de las masas menos prósperas.

Algunos sostienen que la tecnología igualará las condiciones de vida, permitiendo que la felicidad sea accesible para todos. Pero, tras años de investigación, la mayoría de las soluciones tecnológicas siguen siendo caras. Sin una intervención adecuada, la innovación tecnológica seguirá sesgada hacia los ricos, que tienen mejor acceso. Los que tienen una educación superior y trabajos de alto valor, por ejemplo, prosperarán mediante la automatización, mientras que los que están en el otro extremo perderán sus puestos de trabajo.

Hoy en día, el uso de la tecnología para la humanidad sigue estando demasiado concentrado en la cima, y es comprensible que las empresas persigan el dinero e introduzcan su tecnología en segmentos con potencial de negocio. Así, los algoritmos de inteligencia artificial se centran demasiado en mapear los comportamientos de unos pocos elegidos y asumen que son similares a los de la mayoría. La tecnología avanzada tiende a ser irrelevante para la mayor parte de las personas. Esto tiene que cambiar. Mejorar la accesibilidad y la relevancia de la tecnología es imprescindible para que el marketing 5.0 funcione.

2. La sociedad polarizada

Las empresas han generado una enorme riqueza en las últimas décadas, pero esta se ha distribuido de forma desigual, arrastrando a las personas en direcciones opuestas y reduciendo lentamente el segmento medio, que sube a la cima o cae a la base de la pirámide. La forma de la sociedad tiene ahora forma de M, como observaron William Ouchi y Kenichi Ohmae; la mayoría de las personas se encuentran en las clases alta y baja. Y cada extremo tiene prioridades vitales e ideologías opuestas que los enfrentan entre sí (figura 3.1).

FIGURA 3.1 La sociedad polarizada

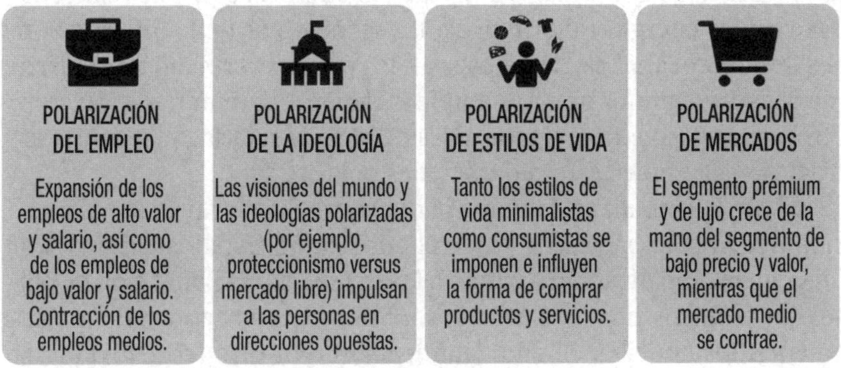

Polarización de los empleos

Uno de los principales factores causantes de esta brecha es la divergencia de oportunidades en la captación de riqueza. La estructura empresarial se sostiene precisamente porque quienes están en la cima tienen más poder para determinar o negociar su alto nivel salarial. El Instituto de Política Económica informó de que, en las últimas cuatro décadas, la compensación de los altos ejecutivos de las empresas creció más de un 1000 %. Y, algunos afirman que estos niveles de remuneración son bien merecidos —ya que suelen estar vinculados al crecimiento de valor para los accionistas—, otros argumentan que esta compensación excesiva es resultado del poder y de la demanda de los ejecutivos, no tanto un reflejo de su contribución real y de su capacidad. Sin embargo, este crecimiento en la remuneración de los ejecutivos es 100 veces superior al del empleado medio, lo que aumenta la brecha de prosperidad.

Otro factor es la diversidad de capacidades y habilidades para captar riqueza. Según la Organización para la Cooperación y el Desarrollo Económicos (OCDE), tanto los empleos de alto valor y alta remuneración como los de bajo valor y baja remuneración se están expandiendo, mientras que todo lo que está en el medio se está contrayendo. Los talentos con aptitudes de alta demanda —en ocupaciones de cuello blanco y azul— tienen más posibilidades de conseguir empleo, pero no necesariamente con un nivel salarial alto. La Oficina de Estadísticas Laborales prevé que los empleos técnicos relacionados con las energías alternativas, las tecnologías de la información, la sanidad y el análisis de datos sean los que más crezcan en la próxima década. Algunos de estos empleos tienen alta remuneración, pero otros ofrecen sueldos exiguos. Esta diferencia salarial hace que la estructura del empleo esté cada vez más polarizada.

Tanto la globalización como la digitalización agravan la polarización del empleo en países desarrollados como Estados Unidos. Por un lado, la globalización permite a las empresas trasladar a otros países los empleos poco cualificados, al tiempo que exportan a países emergentes aquellos de alta cualificación. Por otro lado, la digitalización, sobre todo en lo que respecta a automatizar la fabricación, hace desaparecer los trabajos repetitivos al tiempo que hace crecer la demanda de empleos en alta tecnología.

Polarización de las ideologías

La paradoja de la globalización es su necesidad de inclusión económica sin la creación posterior de economías igualitarias. Parece que la globalización perjudica a tantos países como ayuda, y muchos la encuentran culpable de la desigualdad. Para hacer frente a esta tensión, se toma partido y se gravita hacia creencias y visiones del mundo polarizadas: algunos creen que un mundo sin fronteras aportaría más valor, mientras que otros piden proteccionismo y muros divisorios. Como demuestra tanto el Brexit como la presidencia de Donald Trump, los políticos buscan representar un modelo cerrado y ampliar la separación para aumentar su atractivo electoral, lo que ha impactado directamente en la identidad política, que ahora determina los puntos de vista y las decisiones, no necesariamente con el bien común como objetivo. A menudo, esta divergencia resulta de emociones, no de hechos, y se asienta profundamente en la sociedad mediante burbujas en redes sociales, difusión de noticias falsas...

Como resultado, varias cuestiones clave están más polarizadas que nunca. De hecho, las afiliaciones políticas determinan las preocupaciones: así, las estrategias para combatir el cambio climático y regular los costes de la sanidad se consideran cuestiones más urgentes para los demócratas, mientras que la economía y la política contra el terrorismo son las principales prioridades republicanas. Incluso la definición del hogar perfecto difiere entre los partidarios. Según el Pew Research Center, la mayoría de los demócratas prefieren un barrio más denso con instalaciones públicas a las que se pueda ir andando, mientras que la mayoría de los republicanos prefiere lo contrario. También hay más demócratas que republicanos que prefieren vivir en una comunidad con mayor diversidad étnica.

Polarización de los estilos de vida

La polarización no solo se ha producido en opciones ideológicas y comunitarias, sino también en las preferencias de estilo de vida. Por un lado, el movimiento minimalista es cada vez más popular. Marie Kondo, una asesora japonesa en materia de organización del hogar, saltó a la fama mundial por defender un enfoque minimalista para ordenar la casa. La idea que subyace al minimalismo es que vivir con menos cosas reduce el estrés, libera de cargas y da más libertad para dedicarse a lo que realmente importa.

Las dificultades económicas y el desempleo provocados por la pandemia mundial han obligado a algunas personas a llevar un estilo de vida sobrio, poniendo más énfasis en lo esencial y menos en el gasto discrecional. Pero incluso algunas personas acomodadas, con mayor poder adquisitivo, han elegido un estilo de vida más modesto y evitan las compras excesivas. También conscientes de su huella de carbono y empáticos con la pobreza global, optan por renunciar a la búsqueda de posesiones materiales. Este estilo de vida se basa en el consumo consciente, la ropa sostenible y las prácticas de viaje responsables.

En el otro extremo, el estilo de vida consumista también va en aumento. Algunas personas quieren presumir de un estilo de vida de un estilo de vida ostentoso y de compras indulgentes y, aunque este fenómeno se da en diferentes clases socioeconómicas, la mayoría de los aspirantes proceden de la clase media y del segmento emergente de los ricos.

Utilizando las redes sociales como herramienta de referencia, los consumistas aspiran a emular a las personas de niveles sociales más altos y a ascender en la escala. Suelen ser los primeros en adoptar el producto y se apresuran a comprar los recién lanzados. Sus redes sociales se convierten en un diario de experiencias de marca. El «miedo a perderse algo» (FOMO, por sus siglas en inglés) los persigue a menudo e influye en sus decisiones de compra y en sus prioridades vitales. El mantra es «Solo se vive una vez» (YOLO), por lo que gastan al máximo.

Las personas de ambos extremos del espectro creen que sus estilos de vida les aportan felicidad. Y tanto los consumistas como los minimalistas atraen a los comerciantes, quienes pretenden sacar provecho de los estilos de vida emergentes. De hecho, ahora son dos de los mayores mercados que merece la pena perseguir, ya que todo lo intermedio está desapareciendo.

Polarización de los mercados

Los mercados han dejado de tener una amplia gama de ofertas, desde las más baratas hasta las más lujosas, y han empezado a polarizarse en sus extremos superior e inferior. El segmento intermedio está desapareciendo, ya que la oferta de calidad sin florituras se acerca cada vez más a la base, mientras que las ofertas de lujo se acercan a la cima. En consecuencia, los operadores de gama alta y baja están creciendo y dejando de lado a los de gama media, que luchan por seguir siendo relevantes. Y esto ocurre en todas las categorías de productos: tiendas de comestibles y de moda, servicios de alimentación, aerolíneas y automóviles (figura 3.2).

Las crisis económicas, especialmente en los tiempos de la pandemia, parecen tener un impacto duradero en el gasto de los clientes de bajos ingresos. En los tiempos más difíciles, aumentó el interés por los descuentos: los clientes probaban productos básicos de bajo precio para ahorrar dinero, descubrían que la calidad era aceptable y se acostumbraban a ella. Algunos incluso se han dado cuenta de que antes gastaban más de la cuenta y no volverán a marcas más caras. Esta tendencia queda reforzada por recientes mejoras de calidad en productos de bajo coste, excepcionales gracias a una tecnología de fabricación más barata pero más eficiente.

FIGURA 3.2 Polarización del mercado por categorías

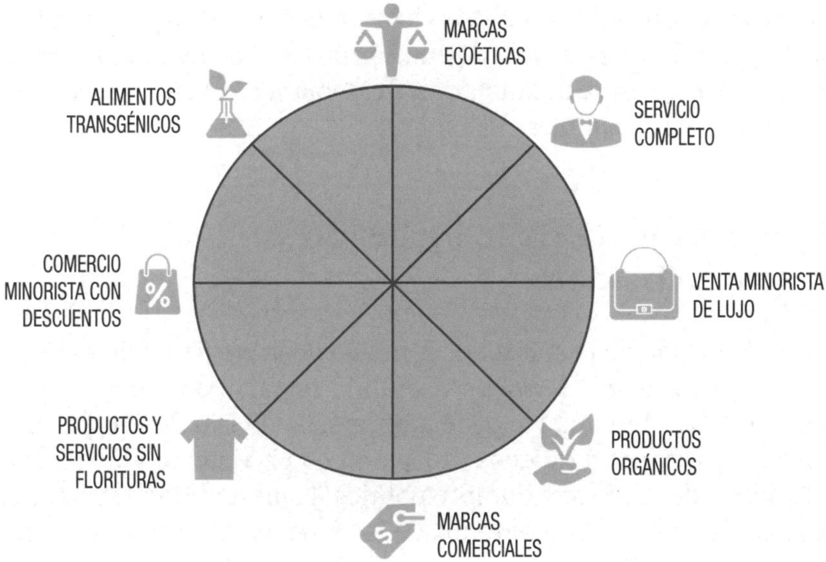

Por otro lado, los clientes con mayores ingresos son menos propensos a las crisis e incluso se benefician de ellas, pero la pandemia les ha recordado la importancia del bienestar y, por tanto, han recurrido a productos y servicios de primera calidad que ofrecen exactamente eso. También es cierto, sobre todo para los nuevos ricos, que ganar más suele equivaler a gastar más; formar parte de una comunidad exclusiva fomenta un estilo de vida similar al de sus compañeros y una tendencia a presumir de su éxito, y siempre tratarán de optar por ofertas de mayor nivel.

Para adaptarse a esta tendencia, los actores del sector persiguen el liderazgo en costes o estrategias de experiencia de cliente. Los proveedores de bajo coste se centran en el valor intrínseco de los bienes y servicios, es decir, en eliminar todo artificio para duplicar los beneficios principales, convenciendo a la gente de que no hay compromiso con la calidad. Así, cambian la estrategia de propuestas de valor empaquetadas a no empaquetadas y dejan que los clientes elijan las configuraciones de productos y servicios que más les convengan.

Por su parte, las marcas de precio elevado ponen el foco en aumentar el valor extrínseco de su oferta y han innovado en la experiencia total del cliente, proporcionándoles ingredientes de alta calidad, canales exclusivos de venta y servicios, narrativas de lujo..., todo en un paquete. También tratan de aumentar su cuota invitando a clientes de nivel medio para animarlos a cambiar de categoría mediante ofertas de lujo asequibles.

3. Importancia de la inclusión y la sostenibilidad

La polarización de la sociedad, derivada de la creciente disparidad de la riqueza, puede tener un profundo impacto en muchas facetas de la vida humana. No debe ignorarse la división entre quienes apenas sobreviven y quienes prosperan en el contexto globalizado y digitalizado. La incertidumbre política, la inestabilidad social y el colapso económico son algunos de los riesgos importantes si esto no se resuelve. Las empresas son en parte responsables de la distribución desigual de la riqueza, y los mercados esperan que solucionen la situación con un enfoque más inclusivo y sostenible en su búsqueda de crecimiento (figura 3.3).

El imperativo del crecimiento sostenible

Las empresas se han topado en los últimos años con la dificultad de encontrar nuevos focos de crecimiento. Los mercados desatendidos y con poder adquisitivo son raros e incluso las empresas mejor gestionadas han tenido problemas a la hora de crear y mantener un crecimiento orgánico mediante la expansión del mercado y la introducción de nuevos productos. Y seguirá siendo un reto formidable. Los economistas han pronosticado que el crecimiento económico mundial seguirá ralentizándose en la próxima década.

La saturación del mercado, la proliferación de nuevos participantes, el debilitamiento del poder adquisitivo y operaciones demasiado complicadas son obstáculos comunes que podrían causar un estancamiento. Pero quizás es solo un recordatorio de que las empresas pronto alcanzarán sus límites de crecimiento, no solo desde el punto de vista ecológico, sino también social. El medioambiente tiene una capacidad de carga limitada, al igual que el mercado.

FIGURA 3.3 Las razones del activismo empresarial

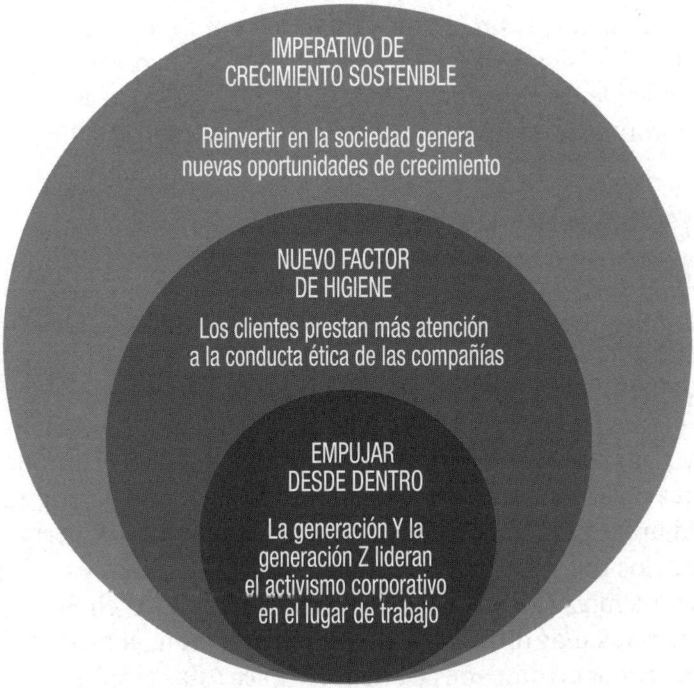

Las empresas solían pensar, que, si reinvertían parte de sus beneficios en el desarrollo de la sociedad, era a costa de un mayor crecimiento. Pero ahora deben entender lo contrario. Al hacer negocios, hay que tener en cuenta los elementos negativos del entorno, y décadas de estrategias de crecimiento agresivo han resultado en un medioambiente degradado y una sociedad desigual. Las empresas no pueden prosperar en una sociedad en declive y con problemas.

Si solo se hace hincapié en el crecimiento —y no en el desarrollo—, las empresas llegarán rápidamente al límite. Con la creciente polarización de la prosperidad, el mercado —sobre todo su mitad inferior— no podrá absorber iniciativas de crecimiento tan ambiciosas. Las empresas de éxito tienen poder suficiente para deshacer el daño y, por tanto, para que sean sostenibles, sus planes de crecimiento deben incluir un elemento clave: desarrollo social.

A largo plazo, el activismo social de las empresas sí resultará una buena inversión, ya que, cuando miles de millones de personas desatendidas salgan de la pobreza, reciban más educación y obtengan mejores ingresos, los mercados de todo el mundo crecerán sustancialmente. Los segmentos antes no explotados se convertirán en nuevas fuentes de crecimiento. Además, en una sociedad más estable y en un entorno sostenible, los costes y los riesgos son mucho menores.

El nuevo factor de higiene

Cuando se introdujo el marketing 3.0 hace una década, este modelo de negocio orientado a un propósito era una fuente relativamente nueva de diferenciación que dio a los primeros en adoptarlo una ventaja competitiva. A medida que un grupo de clientes empezó a favorecer a aquellas marcas cuyas actividades tenían un impacto social positivo, un puñado de empresas empezó a adoptar el enfoque centrado en el ser humano y a convertirlo en su estrategia empresarial. Estas marcas pioneras, como The Body Shop y Ben & Jerry's, eran los modelos que seguir. Su negocio integraba diferentes soluciones a los problemas de la sociedad, lo que permitía a los clientes participar. Los retos más difíciles de la humanidad eran, al mismo tiempo, las mayores oportunidades de negocio para estas empresas.

Hoy en día, esta tendencia de centrarse en el ser humano se ha convertido en la corriente principal. Miles de empresas prestan especial atención a su impacto social y medioambiental e incluso lo utilizan activamente como una importante fuente de innovación. Muchas marcas han captado seguidores fieles promoviendo un estilo de vida con el foco en la salud, minimizando la huella de carbono, llevando a cabo un comercio justo con proveedores de mercados emergentes, garantizando buenas prácticas laborales o construyendo el espíritu empresarial desde la base de la pirámide.

Si una marca no tiene visión, misión y valores, no tiene licencia para competir, por lo que las empresas que no incorporan prácticas responsables corren el riesgo de ser ignoradas por sus posibles clientes. Estos cada vez centran más sus decisiones de compra en la percepción de la conducta ética de una empresa. De hecho, esperan ahora que las marcas trabajen por el bien de la sociedad en general, y las empresas lo saben. La campaña «Stop Hate for Profit», en la que Microsoft, Starbucks, Pfizer, Unilever y otros cientos de empresas han suspendido su publicidad en Facebook para exigir a la red social una mejor gestión de la incitación al odio y la desinformación, es un testimonio de la importancia del activismo empresarial.

Las marcas deben desarrollar y nutrir —no solo explotar— los mercados en los que compiten. En otras palabras, son responsables de aumentar no solo el valor a corto plazo para los accionistas, sino también el valor a largo plazo para la sociedad. Y, gracias a Internet, las empresas están sometidas a escrutinio constante, por lo que es más fácil para los clientes controlar sus aspectos éticos. Ahora es una práctica habitual que las empresas controlen y publiquen sus progresos a través de informes de sostenibilidad, que muestran regularmente los impactos económicos, medioambientales y sociales causados por sus operaciones.

Empujar desde dentro

Las tendencias externas tienden a reflejar la dinámica interna, y el impacto social tiene mucha importancia para los jóvenes talentos. Respondiendo a las demandas de sus empleados, las empresas han empezado a incluir una misión social en sus valores corporativos. Los empleados de la generación Y, la más numerosa de la plantilla, son desde hace tiempo promotores del cambio social. Ejercen su influencia no solo mediante su poder de compra como clientes, sino desde dentro. Y, ahora, la generación Z está empezando a incorporarse a la fuerza de trabajo —que pronto dominará—, y la presión interna para una práctica social y ambientalmente responsable va en aumento.

La diversidad, la inclusión y la igualdad de oportunidades en el lugar de trabajo se han convertido en una necesidad en la guerra por el talento, influyendo significativamente en las prácticas de contratación, remuneración y desarrollo de personas. Muchos estudios de BCG, McKinsey y Hays han demostrado que estas prácticas mejoran la productividad y el rendimiento financiero de las empresas gracias a una cultura más sana, mayor creatividad y perspectivas más ricas.

Además, los valores corporativos son más importantes que nunca para atraer y retener a empleados de las nuevas generaciones. Para convertirse en empleadores de referencia, las empresas deben utilizar las mismas narrativas con sus empleados que las que utilizan con sus clientes, ya que los valores corporativos se sienten más genuinos cuando están alineados con el negocio. Por ejemplo, las empresas de petróleo y gas deben prestar atención al cambio hacia las energías renovables y los vehículos eléctricos; las marcas de cuidado personal pueden optar por contribuir a la higiene y el saneamiento de las comunidades a las que sirven; erradicar la obesidad puede ser el objetivo de una empresa de alimentación y bebidas... Pero los credos no pueden seguir siendo mera jerga; las empresas deben mostrar integridad y practicar lo que predican, ya que sus empleados pueden oler fácilmente promesas poco sinceras y actos oportunistas. Estas iniciativas no deben limitarse a donaciones benéficas o actos filantrópicos, sino que deben inyectarse en la estrategia empresarial, desde la cadena de suministro y el desarrollo de productos hasta la distribución y las prácticas de recursos humanos.

4. Alinear la estrategia con los objetivos de desarrollo sostenible

El papel de las empresas en la mejora de la sociedad es fundamental. Pero, aunque la mayoría hayan invertido sus recursos y hayan situado el activismo corporativo en el centro de sus estrategias, puede no ser suficiente para cambiar el mundo. Se necesitan acciones concertadas para garantizar resultados sinérgicos. Una plataforma de asociación mundial en la que participen gobiernos, sociedades civiles y empresas permitiría a las empresas visionarias encontrar organizaciones afines con las que colaborar en todo el mundo.

Aquí es donde los objetivos de desarrollo sostenible (ODS) desempeñan un papel crucial. En 2015, los Estados miembros de las Naciones Unidas introdujeron la Agenda 2030, comprometiéndose a alcanzar 17 objetivos, conocidos como ODS (figura 3.4), que sustituyen a los objetivos de desarrollo del milenio (ODM) e integran una visión compartida y un plan estándar para guiar a las principales partes interesadas a la hora de abordar los retos sociales y medioambientales más urgentes.

FIGURA 3.4 Desarrollo inclusivo y sostenible en los 17 ODS

SOSTENIBILIDAD	Generación de riqueza	Distribución de riqueza	
	12. Producción y consumos responsables 13. Acción por el clima 14. Vida submarina 15. Vida de ecosistemas terrestres	6. Agua limpia y saneamiento 7. Energía asequible y no contaminante 11. Ciudades y comunidades sostenibles	**Perspectiva medioambiental**
	8. Trabajo decente y crecimiento económico 9. Industria, innovación e infraestructura 16. Paz, justicia e instituciones sólidas 17. Alianzas para lograr los objetivos	1. Fin de la pobreza 2. Hambre cero 3. Salud y bienestar 4. Educación de calidad 5. Igualdad de género 10. Reducción de las desigualdades	**Perspectiva humanitaria**
	INCLUSIÓN		

La implementación de los ODS aún se enfrenta a retos futuros, principalmente debido a la baja percepción de su relevancia. Una investigación a cargo del Foro Económico Mundial reveló que alrededor del 74 % de los ciudadanos del mundo conocen los ODS. Sin embargo, la mayoría se inclina por apoyar únicamente objetivos de relevancia urgente, como los relacionados con la alimentación, el agua, la salud y la energía. Y desatienden objetivos más elevados, como la desigualdad de género y de ingresos.

El papel de las empresas para mejorar esta falta de afinidad es evidente. Al incluir los ODS en sus actividades de marketing y otras actividades comerciales, pueden contribuir a que los objetivos se integren fácilmente en la vida de los clientes. Y esto hará que los ODS trasciendan su estatus de iniciativa gubernamental y formen parte de la sociedad.

De forma simplificada, las empresas pueden enfocarse en los ODS desde dos perspectivas: humanitaria y medioambiental. Por un lado, hacer del mundo un lugar mejor implica crear mejores oportunidades para los habitantes del planeta, proporcionándoles necesidades primarias, habilidades fundamentales para la vida e igualdad de oportunidades. Por otro lado, también implica preservar y proteger el medioambiente, convirtiéndolo en un hogar sostenible para las generaciones futuras.

Los ODS promueven tanto la creación de riqueza como su justa distribución y, mediante objetivos específicos, se pretende crear ecosistemas y condiciones perfectas para que todos prosperen. Desarrollar una infraestructura de calidad y una vivienda segura, así como reducir la tasa de criminalidad y la corrupción, son algunos ejemplos de estos objetivos. Por otro lado, algunos se centran en repartir uniformemente las oportunidades de prosperidad, en especial entre grupos marginales, a través de la eliminación de la discriminación contra las mujeres o la garantía de igualdad de acceso a la educación, entre otros.

La categorización ayuda a simplificar los objetivos y facilita que las empresas contribuyan de forma efectiva. Ver los 17 objetivos en conjunto puede resultar un poco abrumador o causar desconexión, pero, en esencia, consisten simplemente en promover un desarrollo inclusivo y sostenible. Así, las empresas pueden identificar rápidamente dónde pueden tener un impacto real a lo largo de su cadena de valor.

En el frente de la inclusión, las empresas sanitarias, por ejemplo, pueden centrarse en promover estilos de vida saludables y proporcionar herramientas de diagnóstico y medicamentos asequibles a poblaciones rurales empobrecidas. En cuanto a la sostenibilidad, las empresas pueden utilizar su tecnología y prestar servicios de telesalud en zonas remotas para reducir la movilidad, conservar energía y reducir las emisiones de carbono. Una empresa de servicios financieros puede impulsar la inclusión financiera, dirigiéndose a mercados desatendidos y utilizando un modelo de tecnología financiera (*fintech*). Al mismo tiempo, puede adoptar y facilitar la inversión sostenible, por ejemplo, financiando el desarrollo de energías renovables y evitando invertir en proyectos que dañen el medioambiente. Las empresas manufactureras pueden contribuir a la sostenibilidad adoptando un modelo de economía circular centrado en reducción, reutilización y reciclaje de los materiales de producción. También pueden contribuir a la economía inclusiva mediante la contratación de minorías y la integración de pequeñas empresas en sus cadenas de suministro.

El mundo empresarial se dará cuenta pronto de los beneficios directos e indirectos de adoptar estas prácticas inclusivas y sostenibles. De hecho, la eficiencia energética en oficinas e instalaciones de fabricación implica una reducción de costes, y reducir la movilidad gracias al trabajo a distancia o al transporte compartido también les ahorrará dinero. Del mismo modo, cuidar de los desatendidos abre nuevas oportunidades de mercado y, lo que es más importante, obliga a las empresas a invertir en innovación. En el pasado, la innovación solía surgir de países desarrollados e implementarse en países en desarrollo. Hoy es al revés. Empresas como GE, por ejemplo, han creado equipos médicos de bajo coste para países en desarrollo para después comercializarlos en países desarrollados, reposicionándolos como dispositivos «portátiles».

Establecer objetivos claros para su consecución es crucial para que las empresas comprendan la escala y el alcance de su estrategia y activismo. También permite motivar la puesta en marcha dentro de las organizaciones. Realizar un seguimiento y una medición de los beneficios también reforzará la consecución de estas prácticas, evidenciando que el activismo corporativo no es solo una responsabilidad, sino también una buena inversión. Informar del resultado de forma totalmente transparente, además, inspirará a empresas similares a seguir el ejemplo y ayudará a socios potenciales a identificar una posible colaboración.

RESUMEN. POLARIZACIÓN DE LA PROSPERIDAD

Uno de los principales retos a los que se enfrentan los profesionales del marketing hoy en día es la extrema polarización que se está produciendo en todos los aspectos de la vida humana, desde los empleos hasta las ideologías, pasando por los estilos de vida y los mercados. La causa fundamental es el aumento de la brecha entre las clases socioeconómicas superiores e inferiores. El mercado medio empieza a desaparecer, sumándose a la cima o a la base.

Cuando todo está polarizado, solo hay dos formas significativas de posicionar las marcas y las empresas, lo que limita los mercados donde se desarrollan y, más importante, las oportunidades de crecimiento, sobre todo sumado a la desaceleración de la economía y la proliferación de actores.

El marketing inclusivo y sostenible —alineado con los objetivos de desarrollo sostenible (ODS)— busca solucionar este problema mediante una mejor redistribución de la riqueza, que a su vez devolverá a la sociedad su forma original. Las empresas deben integrar el concepto en su modelo de negocio, invirtiendo en la sociedad con un propósito específico. Y para ello deben servirse de la tecnología, ya que desempeñará un papel importante de aceleración en el progreso, proporcionando oportunidades para todos.

PREGUNTAS PARA REFLEXIONAR

- ¿Has adoptado la idea de que el ser humano debe ser el centro de las organizaciones? ¿Has incluido el impacto social en la visión, misión y valores de tu organización?
- Piensa en cómo se puede lograr un mayor impacto alineando tus estrategias con los Objetivos de Desarrollo Sostenible (ODS). ¿Cuáles de los 17 objetivos están relacionados con tu negocio?

CAPÍTULO 4

BRECHA DIGITAL

1. Hacer de la tecnología algo personal, social y experiencial

En su número de abril de 2000, *Wired* publicó un artículo titulado «Why the Future Doesn't Need Us» [Por qué el futuro no nos necesita], escrito por Bill Joy, cofundador de Sun Microsystems. El artículo presentaba un escenario distópico donde máquinas con una inteligencia superior desplazaban a los humanos, lo que se conoce como la era de la singularidad. En el último año del siglo XX, *Wired* publicó también reportajes que exploraban la combinación de robótica e inteligencia artificial (IA) y predecían el impacto de estas tecnologías avanzadas en el futuro de la humanidad.

Después de dos décadas, el escenario previsto aún no se ha materializado. La singularidad sigue siendo objeto de debate. Elon Musk (Tesla) y Jack Ma (Alibaba) mantuvieron una famosa discusión sobre «el ser humano frente a la máquina» en el escenario de la Conferencia Mundial de Inteligencia Artificial en 2019. Elon Musk reiteró la preocupación de Bill Joy de que la IA podría acabar con la civilización humana, mientras que Jack Ma mantuvo que los humanos siempre serían muy superiores a las máquinas por su capacidad emocional.

Los empresarios suelen mostrarse cautelosos ante la amenaza de la IA, ya sea en términos de pérdida de puestos de trabajo como de extinción de la humanidad, pero muchos se preguntan si este peligro está sobrevalorado. Hace tiempo que imaginamos una automatización futurista impulsada por la IA, como casas inteligentes totalmente automatizadas, coches autónomos e impresoras 3D manufactureras y, sin embargo, estas formas de automatización solo están disponibles en forma de prototipos limitados que no acceden al público general. No hay duda de que la automatización continuará sustituyendo puestos de trabajo. De hecho, la Institución Brookings predijo que la automatización amenaza con sustituir el 25 % de los empleos en Estados Unidos, especialmente las tareas repetitivas. Pero la IA tiene un largo camino que recorrer para alcanzar a la inteligencia humana y sustituirla por completo. Incluso los defensores de la singularidad creen que tardará unas décadas más en producirse. Ray Kurzweil (Google) y Masayoshi Son (SoftBank) predijeron que la singularidad no llegaría hasta 2045-2050.

2. La brecha digital sigue existiendo

En 2020 había cerca de 5000 millones de usuarios de Internet. Esta cifra sigue creciendo a un ritmo de 1 millón de nuevos usuarios al día, según estimaciones de We Are Social. Por lo tanto, tardaremos otra década en alcanzar el 90 % de penetración. En 2030, habrá más de 8000 millones de usuarios de Internet en todo el mundo, más del 90 % de la población mundial.

La barrera fundamental de la conectividad ya no es la disponibilidad y accesibilidad de Internet. Casi toda la población mundial vive dentro de la cobertura de red celular móvil. Tomemos, por ejemplo, Indonesia. La cuarta nación más poblada de la Tierra ha construido más de 216 000 millas de red de fibra óptica terrestre y submarina para proporcionar Internet de alta velocidad a más de 17 000 islas, según su ministro de Comunicaciones y Tecnologías de la Información, Johnny Plate.

En cambio, el principal obstáculo ahora es un acceso asequible y la simplicidad de uso. Como Internet todavía no está distribuido uniformemente, los nuevos usuarios procederán sobre todo de mercados emergentes, que suelen ser *mobile-first* o *mobile-only*, es decir, basados en dispositivos móviles asequibles, sistemas operativos ligeros, planes de datos baratos y puntos de conexión Wi-Fi gratuitos. Estos son los motores vitales para adquirir los «próximos mil millones de usuarios».

Además de conectar a las personas, Internet también conecta dispositivos y máquinas, lo que se conoce como internet de las cosas (IoT). Uno de sus usos principales es la supervisión, en términos de medición inteligente y seguimiento de activos, tanto en el ámbito doméstico como en el industrial. Mediante el IoT, los dispositivos y las máquinas pueden comunicarse entre sí y todo puede gestionarse de forma remota y automática sin necesidad de operadores humanos. Así, en última instancia, el IoT será la columna vertebral de la automatización, mientras que la IA se convertirá en el cerebro que controle los dispositivos y las máquinas.

Aunque las empresas tecnológicas han pronosticado cientos de miles de millones de dispositivos de IoT conectados para 2030, es un proceso lento. Gartner estima que solo se han instalado cerca de 6000 millones de dispositivos IoT en 2020, principalmente en forma de contadores eléctricos inteligentes y de vigilancia de edificios. El motor clave para aumentar esta cifra es el 5G, la tecnología móvil de quinta generación, pues es hasta cien veces más rápida y admite diez veces más dispositivos que la actual red 4G, lo que la hace mucho más eficiente para el IoT.

La conectividad casi omnipresente de persona a persona y de máquina a máquina es la infraestructura fundamental para una economía puramente digital. Permite automatización y fabricación a distancia, volviendo obsoletas las cadenas de suministro tradicionales. Permite la interacción, la transacción y el cumplimiento sin fisuras entre compradores y vendedores y, en el contexto laboral, favorece la coordinación de los empleados, optimizando los procesos empresariales y mejorando el rendimiento de los empleados.

Pero una infraestructura totalmente digital no garantiza una sociedad totalmente digital. Las tecnologías digitales siguen utilizándose principalmente para fines básicos de comunicación y consumo de contenidos, mientras que sus aplicaciones más avanzadas aún son escasas, incluso en el sector privado. Para cerrar la brecha digital, tanto las empresas como sus clientes deben aumentar su adopción de las tecnologías.

A pesar de tener el mismo acceso a la infraestructura digital, los índices de adopción varían por sector: los sectores de alta tecnología, medios de comunicación y entretenimiento, telecomunicaciones y servicios financieros se cuentan entre los primeros en adoptar la digitalización, pero, en cambio, sectores como construcción, minería, sanidad y administración pública van a la zaga. Son muchos los factores que influyen en estas diferenciaciones. Los líderes del mercado suelen dudar a la hora de sustituir sus activos físicos acumulados por digitales. Pero, por lo general, un competidor emergente —disruptores digitales con operaciones menos intensivas en capital— los fuerza a digitalizarse. Otra fuerza impulsora es la necesidad de reducir la plantilla y otros costes ante la disminución de la rentabilidad. En los sectores con beneficios decrecientes, la presión para digitalizar es más profunda.

Pero el motor que define realmente la digitalización son los clientes: cuando exijan canales digitales para comunicaciones y transacciones, las empresas se verán obligadas a cumplirlos; cuando valoren la experiencia digital del cliente, se justificará el argumento comercial para la inversión... Y así podrá eliminarse la brecha digital. Un mercado más digital dará lugar a mejores prácticas de marketing y permitirá a las empresas adoptar el marketing 5.0.

3. Peligros y promesas de la digitalización

Tradicionalmente, la brecha digital se refiere a la diferencia entre los segmentos con acceso a la tecnología digital y los que no tienen acceso, pero la verdadera brecha digital se da entre los defensores y los críticos de la digitalización. Existe una visión polarizada sobre si un mundo totalmente digital implica más oportunidades o más amenazas (figura 4.1). La brecha digital seguirá existiendo a menos que gestionemos los riesgos y exploremos las posibilidades.

Peligros de la digitalización

Hay cinco amenazas de la digitalización que infunden temor en el corazón de muchas personas.

FIGURA 4.1 Peligros y promesas de la digitalización

1. Automatización y pérdida de puestos de trabajo. La incorporación de tecnologías de automatización, como la robótica y la IA, en los procesos empresariales llevará de la mano pérdida de puestos de trabajo. La automatización pretende optimizar la productividad utilizando menos recursos y mejorando la fiabilidad. Pero no todos los empleos estarán en riesgo. Las tareas repetitivas, que tienen poco valor y son propensas a errores humanos, están preparadas para la automatización de procesos robóticos (RPA), mientras que los trabajos que requieren empatía y creatividad humana son más difíciles de desplazar.

La amenaza tampoco es igual a nivel mundial. En los países desarrollados, donde los costes laborales son más elevados, el impacto de la automatización en la eficiencia será más significativo. En cambio, en los países emergentes, el coste de implantación de la automatización para sustituir la mano de obra humana es todavía difícil de justificar. Estas variaciones hacen que la brecha digital sea más difícil de cerrar.

2. Confianza y miedo a lo desconocido. La digitalización se está convirtiendo en algo mucho más complicado que conectar personas a través de dispositivos móviles y redes sociales. Se ha introducido en todas las facetas de la vida humana, desde el comercio hasta la movilidad, pasando por la educación y la sanidad. En este complejo proceso ha sido fundamental la tecnología de IA, que no solo pretende imitar, sino superar la inteligencia humana. Los algoritmos y modelos avanzados de IA suelen ir más allá de la comprensión humana y, cuando los humanos sienten algo fuera de su control, les crea ansiedad y les hace reaccionar a la defensiva. Esto ocurre más a menudo en aplicaciones que requieren un alto grado de confianza, como gestión financiera, vehículos autónomos y tratamiento médico. Los problemas de confianza serán un factor importante que frenará la adopción de tecnologías digitales.

3. Preocupaciones de privacidad y seguridad. La IA se alimenta de datos, y las empresas los recogen de bases de datos de clientes, transacciones históricas, medios sociales y otras fuentes. Con los datos, el motor de IA crea modelos de perfiles y algoritmos de predicción que permiten a las empresas conocer en profundidad los comportamientos pasados y futuros del cliente. Algunos clientes ven esta capacidad como una herramienta de personalización, pero otros lo ven como una invasión de la privacidad para obtener beneficios comerciales.

La tecnología digital también supone una amenaza para la seguridad nacional. Los sistemas de armas autónomos, como los drones de combate, son más difíciles de defender. Cuando todos los aspectos de la vida humana sean digitales, los países serán más propensos a ciberataques. Un ataque a la red de IoT podría inutilizar toda la infraestructura digital de una nación. Las empresas y los países deben superar estos problemas de privacidad y seguridad, que siguen siendo un obstáculo importante para la adopción de la tecnología.

4. Burbujas en redes sociales y la era de la posverdad. Tanto los motores de búsqueda como las redes sociales han superado a los medios tradicionales como principal fuente de información en la era digital. Tienen el poder de moldear percepciones y de construir opiniones. Pero hay un problema inherente a estas herramientas: el uso de algoritmos que proporcionan información adaptada a los perfiles de los usuarios. Los resultados de las búsquedas personalizadas y *feeds* de las redes sociales acaban reforzando creencias preexistentes, generando opiniones polarizadas y extremas.

Más preocupante es la aparición de un mundo de posverdad donde es difícil diferenciar entre un hecho y una mentira. La desinformación está en todas partes, desde bulos hasta falsificaciones profundas. Utilizando el poder de la IA, es más fácil crear audio y vídeo falsos que parezcan realistas. Gestionar esta consecuencia involuntaria de la tecnología es crucial para reducir la brecha digital.

5. Estilo de vida digital y efectos secundarios de comportamiento. Las aplicaciones móviles, las redes sociales y los juegos ofrecen estimulación y compromiso constantes, por lo que las personas se pegan a sus pantallas durante horas. Esta adicción puede impedir o dificultar interacciones en persona, actividades físicas y hábitos de sueño adecuados, afectando al bienestar general de la sociedad. Con el tiempo, demasiado tiempo de pantalla también acorta la capacidad de atención y dificulta la concentración en tareas productivas.

La tecnología digital también hace que las actividades cotidianas sean más cómodas y requieran menos esfuerzo, desde la entrega de alimentos a la puerta de casa hasta la navegación por las calles con Google Maps. Las personas se vuelven dependientes y complacientes. De hecho, al tomar decisiones, ignoramos nuestro propio juicio y confiamos en lo que nos sugiere el algoritmo de IA. Dejamos que las máquinas hagan el trabajo e intervenimos cada vez menos, creando lo que se conoce como «sesgo de automatización». Superar estos efectos secundarios del comportamiento será un reto importante a la hora de universalizar la digitalización.

Promesas de la digitalización

A pesar de los riesgos que conlleva, la digitalización abre enormes posibilidades para la sociedad. Veamos cinco escenarios en los que la digitalización aporta valor.

1. Economía digital y creación de riqueza. La digitalización favorece el auge de la economía digital, que crea una riqueza masiva, así como la construcción de plataformas y ecosistemas que procesan transacciones a gran escala sin límites geográficos ni industriales. Las tecnologías digitales permiten a las empresas innovar no solo en experiencia de cliente, sino también en el modelo de negocio; ayudan a las empresas a satisfacer las crecientes expectativas de los clientes, a aumentar la disposición de pago y, en última instancia, a impulsar una mejor creación de valor. A diferencia de modelos tradicionales, los modelos de negocio digitales requieren menos activos, tienen tiempos de comercialización más rápidos y son altamente escalables, por lo que permiten crecimientos exponenciales en cortos períodos de tiempo. Digitalizar la experiencia de cliente también genera mayor productividad y mejor rentabilidad, debido a la reducción de errores y de costes.

2. *Big data* y aprendizaje permanente. Las plataformas y los ecosistemas digitales cambian la forma de hacer negocios. Conectan a la perfección las diferentes partes interesadas —empresas, clientes y otros— en forma de comunicaciones y transacciones ilimitadas. En lugar de acumular activos físicos, estas plataformas y ecosistemas de muchos sectores recopilan una enorme cantidad de datos en bruto, que funcionan como combustible para que los motores de IA creen una amplia base de conocimientos. Esta base de conocimientos digitales acelerará aún más la implantación de cursos masivos abiertos en línea (MOOC) y los mejorará con planes de formación y asistentes de enseñanza optimizados con IA. Permitirá acceder a procesos de aprendizaje permanente de nuevas habilidades que nos permitirán seguir siendo relevantes en la era de la IA.

3. *Smart living* y realidad aumentada. La digitalización podría hacer realidad lo que solo hemos visto en películas utópicas: un mundo totalmente digitalizado, hogares inteligentes donde cada acción está automatizada o activada por voz, un robot asistente que nos ayuda con las tareas domésticas, un frigorífico que se autoordena y un dron que reparte la compra. Cuando necesitemos algo, podremos imprimir en 3D y, a la espera en el garaje, estará nuestro vehículo eléctrico autónomo preparado para llevarnos donde deseemos.

Cuando esto ocurra, los teléfonos no serán el único vínculo entre nosotros y el mundo digital, sino que la interfaz se ampliará a dispositivos más pequeños que podrán llevarse puestos e incluso implantarse en el cuerpo humano, creando lo que se denomina «vida aumentada». Neuralink, de Elon Musk, está desarrollando un implante de chip informático para crear una interfaz cerebro-ordenador que permita a los humanos controlar los ordenadores con su mente.

4. Mejora del bienestar y prolongación de la vida. En el ámbito del bienestar, la biotecnología avanzada pretende prolongar la vida humana. Mediante el uso de *big data* en la sanidad, la IA permitirá descubrir nuevos fármacos y una medicina de precisión, con diagnósticos y tratamientos personalizados adaptados a cada paciente. Asimismo, la investigación genómica impulsará capacidades de ingeniería para prevenir y curar enfermedades genéticas; la neurotecnología explorará la implantación de un chip que trate trastornos cerebrales; y un seguimiento continuo de la salud con dispositivos portátiles o implantables permitirá atención sanitaria preventiva. Además, se están produciendo avances similares en la tecnología alimentaria mediante la combinación de biotecnología e IA para optimizar la producción y distribución de alimentos y evitar así el hambre y la malnutrición. También han aparecido empresas emergentes de tecnología que ofrecen productos y servicios dirigidos a poblaciones de edad avanzada para gestionar su longevidad y mejorar su calidad de vida.

5. Sostenibilidad e inclusión social. La digitalización también desempeña un papel importante en términos de sostenibilidad medioambiental, con el uso compartido de vehículos eléctricos o el comercio de energía solar entre pares (vecinos que comparten el exceso de electricidad) como principales motores para favorecer la conservación de la energía. En la industria manufacturera, la IA ayudará a reducir los residuos desde el diseño hasta la selección de materiales y la producción. Con la IA, estableceremos una economía circular, un sistema de bucle cerrado de uso continuo de materiales mediante la reutilización y el reciclaje.

Al cerrar la brecha digital y alcanzar la conectividad universal en todo el mundo, crearemos una sociedad verdaderamente inclusiva con acceso igualitario al mercado y a los conocimientos técnicos para comunidades de bajos ingresos. Esto mejorará sus medios de vida y ayudará a acabar con la pobreza. La visión polarizada hacia la digitalización es la nueva brecha digital. Para acabar con el debate, tenemos que profundizar en el lado humano de la tecnología y aprovechar aquella que saca lo mejor de la humanidad.

4. La tecnología puede ser personal

En la era del marketing 5.0, los clientes esperan que las empresas les entiendan y les ofrezcan experiencias personalizadas. Si bien es factible para las empresas con solo un puñado de clientes, es un reto hacerlo a escala y de forma coherente. Es imperativo utilizar la tecnología para modelar perfiles de clientes específicos, generar ofertas a medida, proporcionar contenido personalizado y ofrecer experiencias individualizadas.

La IA mejora cada punto de contacto a lo largo del recorrido del cliente de tres maneras. En primer lugar, permite una orientación más inteligente: ofertas adecuadas en momentos adecuados y a clientes adecuados. En segundo lugar, garantiza un mejor ajuste del producto: oferta de productos personalizados y personalización de productos por parte de los clientes. Por último, favorece el compromiso: contenidos a medida e interacciones más íntimas con clientes.

El uso de IA en términos de personalización mejora la satisfacción y la lealtad de los clientes y, a su vez, aumenta la aceptación de estos hacia el intercambio de datos. Si los beneficios reales de la personalización superan la amenaza de violación de la privacidad, estarán más dispuestos a compartir sus datos personales. La clave es aceptar la atención humana selectiva y, desde esta base, crear un control percibido. Los clientes se sienten más cómodos con la personalización si facilita su toma de decisiones y les permite tener cierto control sobre ellas.

Recuperar la atención selectiva

Barry Schwartz sostiene en *La paradoja de la elección* que, en contra de la creencia popular, la eliminación de opciones reduce la ansiedad en la toma de decisiones y mejora la felicidad. De hecho, los seres humanos nacen con atención selectiva y tienden a canalizar la atención hacia estímulos relevantes y a bloquear los irrelevantes, lo que permite filtrar y procesar la información con una limitada capacidad de atención y centrarse en lo importante.

Hay demasiadas opciones de productos, mensajes comerciales y canales que nos distraen de tomar lo que debería ser una simple decisión de compra. Incluso creemos que la toma de decisiones complejas no debería ser trabajo nuestro y que las empresas deberían encargarse de simplificar las opciones y de hacernos mejores recomendaciones. La tecnología de IA podría sustituir este filtrado selectivo que ocurre en nuestras mentes para que sea más manejable tomar decisiones en una era marcada por la sobrecarga de información.

Con millones de perfiles de clientes y reseñas, las empresas deberían ser capaces de ajustar las necesidades específicas de los clientes a sus soluciones. En bienes de consumo envasados, por ejemplo, los algoritmos de IA podrían sugerir la variante exacta del producto y decidir desde qué centro de distribución enviarlo. En el sector de seguros, los modelos de IA pueden permitir a las empresas establecer un paquete de coberturas y precios optimizados basado en comportamientos anteriores de los asegurados.

Permitir el control individual

El deseo de tener control sobre uno mismo y sobre el entorno está arraigado en la naturaleza humana. Está demostrado que la percepción de control —o sensación de estar a cargo de nuestras decisiones y los resultados— mejora la felicidad. Por ello, las empresas deben demostrar que su tecnología facilita este tipo de control sobre las decisiones de compra. Limitar las opciones de los clientes no significa proporcionarles solo una opción determinada. Los clientes podrán acceder a aquello que deseen, aparte de la personalización automatizada de las empresas. Pero cada cliente desea un nivel diferente de control sobre la elección de productos y la selección de puntos de contacto, y la tecnología permite a las empresas predecir este deseo de control y proporcionar el equilibrio adecuado entre personalización y adaptación.

Debe ser un proceso de cocreación entre empresas y clientes, no solo en la selección de productos, sino también en la experiencia general de cliente. Cada uno busca un conjunto único de experiencias al interactuar con los mismos productos o servicios. Hacer que los productos y los puntos de contacto estén desagregados y sean modulares permite a los clientes elegir el componente de la experiencia de cliente que desean. Funciona esencialmente como una cocreación de experiencias, lo que a su vez aumenta el sentido de propiedad del cliente.

5. La tecnología puede ser social

Las redes sociales han cambiado la actitud y las expectativas de los clientes hacia las empresas; la mayoría creen que las cuentas de las empresas son algo más que publicidad y opiniones de expertos. Las decisiones de compra se rigen ahora no solo por preferencias individuales, sino también por un deseo de conformidad social. Pero las redes sociales también han aumentado las expectativas. Ahora los clientes buscan otro tipo de atención al cliente y exigen respuestas instantáneas. Los humanos somos sociales por naturaleza, pero las redes han llevado nuestras tendencias sociales un paso más allá.

En el marketing 5.0, las empresas tienen que responder a esto adoptando tecnologías sociales en sus procesos de cara al cliente y en el *back-end*. La aplicación de primera línea más popular es la atención social al cliente, que proporciona un canal de comunicación alternativo para la interacción empresa-individuo. Para uso interno, las empresas pueden adoptar herramientas sociales que faciliten la comunicación entre empleados, permitir el intercambio de conocimientos y fomentar la colaboración.

Las tecnologías son más codiciadas cuando permiten y promueven las conexiones sociales. La creación de canales de medios sociales es un comienzo, pero no debe detenerse ahí. La IA permite a las empresas sumergirse en datos de conexión social y darles sentido. Este aprendizaje profundo motiva la aparición de ideas sobre cómo elaborar el mensaje correcto e influir en los comportamientos de las personas en redes sociales.

Facilitar la conexión interpersonal

Como humanos, nacemos como seres vulnerables y dependientes de nuestros padres o cuidadores para satisfacer nuestras necesidades básicas. Poco a poco, durante la infancia, aprendemos a comunicarnos e interactuar con quienes nos rodean como método principal de aprendizaje intelectual y emocional. Así, intercambiamos ideas e historias y reflejamos nuestras expresiones y emociones con nuestros interlocutores. Por eso, el cerebro humano está programado para ser social desde muy temprano.

Nuestra naturaleza de seres sociales explica el éxito de las redes sociales como aplicación tecnológica. Nos gusta escuchar las experiencias personales de los demás y expresar las nuestras. Basadas en el intercambio de señales visuales, crean una plataforma alternativa para satisfacer nuestras necesidades sociales más allá de las conversaciones cara a cara.

Otras aplicaciones tecnológicas en empresas deberían aprovechar el deseo humano de conexión social. La tecnología puede facilitar el intercambio de experiencias e información, por ejemplo, a través de blogs, foros y wikis. Las conversaciones deberían ampliarse, no solo entre empresas y clientes, sino también entre los propios clientes. El modelo de *crowdsourcing* es un ejemplo de cómo la tecnología conecta a personas con diferentes competencias y habilidades para colaborar. Además, el comercio social impulsado por la tecnología facilita el intercambio entre compradores y vendedores en un mercado digital.

Impulsar la búsqueda de aspiraciones

Como seres sociales, observamos las historias de vida de otras personas y las relacionamos con las nuestras. Nuestros amigos de redes sociales se convierten en puntos de referencia e intentamos emular el comportamiento y el estilo de vida de los demás, especialmente de quienes tienen vidas aparentemente más emocionantes, por miedo a perdernos algo. Las expectativas personales se fijan ahora en entornos sociales que nos influyen y motivan continuamente para alcanzar objetivos mayores.

La tecnología debería aprovechar esta búsqueda oculta de aspiraciones incrustada en las redes sociales. El marketing de contenidos impulsado por IA, gamificación y redes sociales puede apoyar este deseo innato y humano de ser reconocidos por nuestros pares y de ascender socialmente. En lugar de tratar con condescendencia a clientes con sugerencias y recomendaciones, la IA debería ejercer una influencia sutil sobre modelos existentes (amigos, familia y comunidad), a quienes los clientes escuchan más que a las empresas.

Sin embargo, al aprovechar la influencia social, las empresas deben ir más allá de la venta de productos y servicios. La tecnología puede convertirse en una poderosa herramienta de modificación del comportamiento que impulse el activismo digital y, en última instancia, el cambio social. Inspirar y animar a las personas a seguir un estilo de vida más responsable a través de las redes sociales puede convertirse en una importante contribución de la tecnología a la humanidad.

6. La tecnología puede ser experiencial

Los clientes evalúan a las empresas no solo a partir de la calidad de sus productos y servicios, sino que toman en cuenta el recorrido general del cliente, que abarca todos los puntos de contacto y todos los canales. Por tanto, la innovación no solo debe centrarse en el producto, sino en la experiencia. Además de diferenciar entre productos, las empresas deben intensificar las comunicaciones, reforzar su presencia en los distintos canales y mejorar el servicio al cliente.

El aumento de la digitalización ha impulsado la demanda de una experiencia omnicanal. Los clientes pasan continuamente de un canal a otro —de *online* a *offline* y viceversa—, esperando experiencias fluidas y coherentes, sin una desconexión perceptible, por lo que las empresas deben esforzarse por ofrecer interacciones integradas de alta tecnología y alto nivel de contacto.

En el marketing 5.0, las tecnologías de *back-end*, como IA y *blockchain*, desempeñan un papel importante para impulsar una integración sin fisuras. Por otro lado, las tecnologías de *front-end*, como sensores, robótica, comandos de voz y realidad aumentada y virtual, pueden mejorar los puntos de contacto físicos que se producen a lo largo del recorrido del cliente.

Potenciar interacciones de alto nivel

Uno de los puntos débiles de una máquina es su incapacidad para replicar el tacto humano. La robótica avanzada y las pieles artificiales con sensores tratan de afrontar este reto, pero no basta con recrear un tacto realista, sino que es esencial interpretar diversas y complejas emociones a partir de un simple roce. Los seres humanos pueden descifrar las emociones de sus interlocutores simplemente con el tacto. Una investigación de Matthew Hertenstein reveló que somos capaces —con una precisión de hasta el 78 %— de comunicar a otros, a través del tacto, ocho emociones diferentes: ira, miedo, asco, tristeza, simpatía, gratitud, amor y felicidad. Y es complicado enseñar estas emociones subjetivas a máquinas que se basan en patrones lógicos, consistentes y cuantificables.

Así, la entrega de productos y servicios puede seguir requiriendo un equilibrio entre las interacciones de alta tecnología y las de alto contacto. Sin embargo, la tecnología puede desempeñar un papel importante en la prestación de esta interacción directa. El trabajo administrativo de bajo valor debe ser asumido por una máquina, permitiendo al personal de primera línea centrarse y dedicar más tiempo a actividades de cara al cliente. La eficacia de los puntos de contacto físicos también puede mejorarse mediante la elaboración de perfiles de clientes con ayuda de IA, lo que proporciona pistas al personal de primera línea para ajustar su enfoque de comunicación y ofrecer la solución adecuada.

Proporcionar un compromiso constante

Los seres humanos tienden a mantener un nivel de felicidad. Cuando se tiene una experiencia emocionante y positiva, la felicidad puede aumentar temporalmente, pero acabará volviendo al nivel de partida. Del mismo modo, cuando se tiene una experiencia desalentadora y negativa, la felicidad puede disminuir, pero volverá a su nivel original. En psicología, se denomina «cinta de correr hedónica» —término acuñado por Brickman y Campbell— a cómo la satisfacción ante experiencias vitales siempre gravita hacia un determinado nivel de referencia.

Por eso, como clientes, nos aburrimos fácilmente y nunca nos sentimos realmente satisfechos. Buscamos un compromiso constante a lo largo del viaje del cliente y, cada cierto tiempo, las empresas deben perfeccionar y renovar su experiencia de cliente para evitar que nos vayamos a la competencia. Este proceso de creación de experiencia de cliente novedosa continua es un reto, pero, con la digitalización, las empresas pueden acelerar el tiempo de comercialización de la innovación en experiencia de cliente y es más fácil realizar una experimentación rápida, pruebas de concepto y creación de prototipos en el espacio digital.

Sin embargo, la innovación en la experiencia digital de cliente no se limita a cambiar el diseño de la interfaz de usuario. Desde un *chatbot* hasta la realidad virtual y el control por voz, las tecnologías emergentes están transformando la forma en que las empresas se comunican con los clientes. Pero tecnologías como IA, IoT y *blockchain* también están mejorando la eficiencia del *back-end* y, por tanto, permitiendo una experiencia de cliente más dinámica.

RESUMEN. BRECHA DIGITAL

La brecha digital sigue existiendo, y harán falta al menos otros diez años para alcanzar una adopción universal de Internet. Pero el acceso por sí solo no acabará con la brecha. Para convertirnos en una sociedad plenamente digital, tenemos que aplicar las tecnologías en todos los aspectos de nuestra vida, más allá de las meras comunicaciones en línea y las redes sociales. A pesar de los temores y ansiedades que suscita la digitalización, los beneficios para la humanidad son evidentes.

En el marketing 5.0, las empresas tienen que demostrar a los clientes que una aplicación correcta de la tecnología puede mejorar sustancialmente la felicidad humana, pues permite enfoques personalizados para la resolución de problemas y otras opciones de personalización. Debemos convencer a los clientes de que la digitalización no mata las relaciones sociales. Por el contrario, proporciona una plataforma para construir una conexión más íntima entre los clientes y sus comunidades. Es esencial acabar con la dicotomía hombre-máquina, pues, para ofrecer una experiencia superior al cliente, es imprescindible la integración de interacciones de alta tecnología y de alto contacto (figura 4.2).

FIGURA 4.2 Brújula tecnológica: personal, social y experiencial

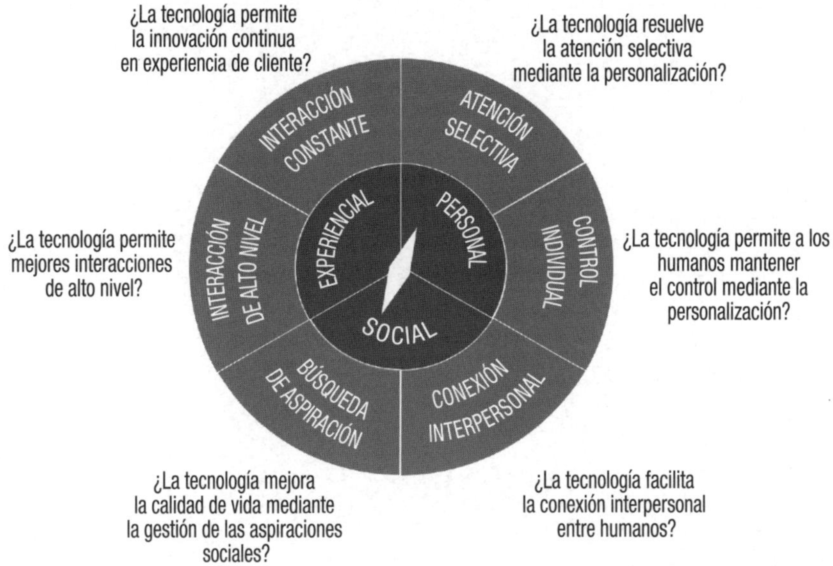

PREGUNTAS PARA REFLEXIONAR

- ¿Cuáles son tus opiniones personales sobre la tecnología? Piensa en cómo la tecnología puede potenciar o alterar tu organización.
- Evalúa si las tecnologías actualmente implementadas en tu organización te permiten brindar soluciones personales, sociales y experienciales a tus clientes.

PARTE III

NUEVAS ESTRATEGIAS PARA EL MARKETING TECNOLÓGICO

CAPÍTULO 5

ORGANIZACIONES PREPARADAS PARA LO DIGITAL

1. Una misma estrategia no sirve para todos

En la década de 1950, un grupo de científicos experimentó con monos en la isla de Kojima. Los científicos dejaban caer regularmente batatas en la arena de la playa para que los monos las comieran. Un día, una mona joven llamada Imo aprendió que sabían mejor si las lavaba primero y empezó a enseñar a sus amigos cercanos y a los miembros mayores de su familia el nuevo hábito de higiene alimentaria. El cambio se produjo lentamente, pero, al final, cuando la mayoría de los monos habían adoptado la práctica, el resto la aceptaron como nueva norma. Este fenómeno se conoce como «efecto del centésimo mono» y se refiere a la masa crítica necesaria para que se produzca un cambio de comportamiento.

Del mismo modo, las generaciones más jóvenes son las que lideran el camino cuando se trata de transformación digital. La generación Y y la generación Z juntas son el mayor mercado de consumidores de la historia y también son las más numerosas en la fuerza de trabajo, influyendo en las empresas desde dentro. De cualquier modo, las organizaciones están alineando sus estrategias con las preferencias de estas generaciones, ya que tienen un enorme impacto en la incorporación de las tecnologías digitales a la corriente global. Pero para que el estilo de vida digital se normalice, el cambio debe ser masivo y repartirse uniformemente entre distintas generaciones y estatus socioeconómico.

El proceso de digitalización se está produciendo con bastante rapidez en todo el mundo. Por un lado, el estilo de vida digital forma parte de la vida y muchos no pueden imaginar vivir sin él. Pero, por otro lado, aún se funciona con inercia. Muchos clientes siguen acostumbrados a formas tradicionales de comprar y de disfrutar de productos y servicios. Del mismo modo, las empresas han estado procrastinando en lo que respecta a la transformación digital, el requisito previo para el marketing 5.0. Sin embargo, la pandemia ha cambiado esta tendencia y ha abierto la mente de todos sobre la necesidad de digitalizarse.

2. Caso de estudio: la COVID-19 como acelerador de la digitalización

Empresas de todo el mundo se han visto afectadas por la pandemia de la COVID-19, y la mayoría no estaban preparadas, ya que nunca se habían enfrentado a un reto así. Todas parecen estar luchando contra la disminución de los ingresos y los problemas de liquidez, al tiempo que gestionan a los empleados que se han visto afectados personalmente por el brote. Las organizaciones se encuentran en medio de la confusión y el dilema de determinar un plan de contingencia adecuado para sobrevivir y para incluso volver más fuertes.

La pandemia —y el distanciamiento social que provoca— ha presionado a las empresas para que se digitalicen más rápidamente. Durante los cierres y las restricciones de movilidad en todo el mundo, los clientes dependían cada vez más de plataformas *online* para sus actividades diarias. Y esto ha cambiado el comportamiento, no solo durante la crisis, sino a largo plazo.

Al verse obligados a quedarse en casa durante varios meses, los clientes se han acostumbrado al nuevo estilo de vida digital: comercio electrónico y aplicaciones de entrega de alimentos de necesidad diaria, banca digital y pago sin efectivo, reuniones en línea a través de plataformas de videoconferencia, como Zoom o Google Meet, escuelas en casa —mientras los padres trabajaban en remoto— basadas en plataformas *online*. Para matar el tiempo, también se vieron más contenidos de YouTube y Netflix. Y, como la salud se convirtió en lo más importante, también aumentaron los entrenadores personales o médicos a distancia (figura 5.1).

FIGURA 5.1 La digitalización en plena pandemia de la COVID-19

Las empresas no han vuelto a ser las mismas. Las industrias que solían depender en gran medida de interacciones físicas se han visto obligadas a replantearse sus estrategias. El sector de la restauración se ha adaptado a la pandemia potenciando el reparto de comida a domicilio para compensar la pérdida de ingresos, y algunos restaurantes han migrado completamente a la nube o a «cocinas fantasma», sirviendo solo pedidos a domicilio. El sector de viajes ha incorporado robots de limpieza para desinfectar habitaciones y trenes, mientras que los aeropuertos, como el de Bangalore, ofrecen experiencias sin contacto físico: *parking-to-boarding*.

Cuando el número de pasajeros del transporte público cayó en picado, las autoridades de transporte lanzaron servicios de microtransporte: autobuses y lanzaderas a la carta que permitían a los pasajeros solicitar viajes a través de aplicaciones móviles. Así, estos podían seguir no solo la ubicación de los autobuses, sino también su capacidad, un elemento útil para garantizar herramientas físicas y permitir el seguimiento de los contactos. Los fabricantes de automóviles y los concesionarios invirtieron mucho en plataformas de venta *online* para atender la creciente demanda de interacciones digitales. Por encima de todo, las marcas de los distintos sectores elevaron su juego de marketing de contenidos digitales, con el objetivo de atraer a los clientes a través de las redes sociales.

Las empresas no pudieron seguir postergando la digitalización cuando su sostenibilidad dependió de ella. La crisis puso de manifiesto la disposición —o, más bien, la falta de disposición— de determinados segmentos de mercado y agentes del sector de digitalizarse. Los grupos demográficos conocidos como «migrantes digitales» o «rezagados digitales» han sido los más afectados, puesto que el distanciamiento social alteró significativamente sus rutinas cara a cara. En cambio, es un entorno próspero para nativos digitales en las mismas condiciones.

Del mismo modo, la pandemia ha causado problemas más importantes en algunas industrias, aunque ninguna empresa ha sido inmune a su efecto. Los sectores que requieren interacciones físicas más directas y son intensivos en mano de obra han sufrido más, mientras que las industrias con procesos empresariales altamente digitales y las organizaciones estructuradas se han encontrado en mejor posición (figura 5.2).

FIGURA 5.2 Impacto de la COVID-19 en diferentes segmentos de clientes y actores del sector

	FUERTE IMPACTO	POCO IMPACTO
SEGMENTO DE CLIENTE	- Miembros de generaciones anteriores que son migrantes o rezagados digitales - Comunidades de bajos ingresos con acceso limitado a Internet	- Miembros de generaciones jóvenes que son nativos digitales o expertos en tecnología - Fácil acceso a Internet
ACTORES DEL SECTOR	- Negocios con procesos dominantes de cara al cliente - Sectores de alto rendimiento	- Negocios con gran cantidad de procesos digitales - Sectores con organizaciones *lean*

3. Evaluación de la preparación digital

Los diferentes grados de preparación dictan la estrategia de digitalización que seguir. Por lo tanto, es esencial establecer una herramienta de diagnóstico para la evaluación de dicha preparación que tenga en cuenta tanto la oferta como la demanda. El primer paso es determinar si el mercado —el lado de la demanda— está preparado y dispuesto a migrar a puntos de contacto digitales. El siguiente paso —desde el lado de la oferta— es evaluar la capacidad de las empresas de digitalizar sus procesos de negocio y aprovechar la migración. Así, se forma una matriz que traza la posición de una empresa en los distintos cuadrantes de preparación digital.

Para ilustrar las cuatro categorías del marco, evaluaremos la preparación digital de seis sectores industriales: alta tecnología, servicios financieros, comercio minorista de comestibles, automoción, hostelería y sanidad. La posición de cada sector se basa en la situación actual en Estados Unidos, que puede cambiar con el tiempo a medida que el mercado evolucione. Los clientes de otros mercados pueden tener diferentes grados de preparación, así como los agentes de otros sectores (figura 5.3).

FIGURA 5.3 Preparación digital por industria

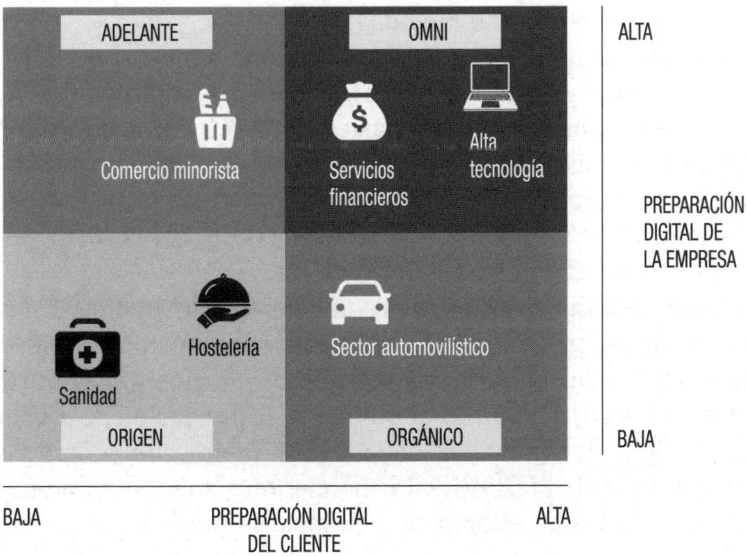

Origen

Este cuadrante incluye las industrias más afectadas durante la pandemia, empresas menos preparadas para hacer frente a esta crisis, principalmente porque sus procesos de negocio todavía incluyen importantes interacciones físicas, que son más difíciles de eliminar o de sustituir. Al mismo tiempo, es poco probable que los clientes migren a puntos de contacto digitales, sobre todo debido a la falta de urgencia de compra durante una crisis. Ejemplos de este cuadrante son los sectores de la hostelería y la sanidad, que dependen en gran medida de las interacciones entre personas. Los agentes de estos sectores se encuentran con el dilema del huevo y la gallina: invertir en digitalización o esperar a que los clientes migren a un comportamiento digital.

El sector de la hostelería lleva muchos años sufriendo las consecuencias de la digitalización. Los sitios de reseñas de viajes y las plataformas de reservas *online* han aportado transparencia a la calidad del servicio y los precios. Y los mercados de alojamiento *online*, como Airbnb, también han presionado a las grandes cadenas hoteleras. Pero la digitalización se produce sobre todo en los segmentos anterior y posterior del viaje del cliente, es decir, los clientes utilizan herramientas digitales para planificar y reservar viajes, así como para revisar y recomendar destinos, pero la sección intermedia del viaje del cliente es en gran medida no digital.

La digitalización se encuentra sobre todo a nivel superficial; todavía no ha supuesto una transformación para la industria. De hecho, solo se utiliza tecnología básica que aprovecha Internet para anuncios digitales, marketing de contenidos y canales electrónicos. Algunos hosteleros han hecho intentos esporádicos de utilizar tecnologías avanzadas, como robótica e internet de las cosas (IoT), pero la respuesta de los clientes ha sido agridulce.

El sector sanitario tiene un grado de preparación digital similar. La inteligencia artificial (IA) tiene el poder de transformar por completo la asistencia sanitaria, y los primeros indicios son prometedores. Sin embargo, a pesar de su potencial, la prestación de asistencia sanitaria sigue siendo muy tradicional, con interacciones cara a cara. Antes del brote de la COVID-19, la telesalud no era realmente una opción para los proveedores de asistencia sanitaria y sus pacientes.

Una vez superada la pandemia, habrá que ver si la tendencia sigue su curso. Aparte de la barrera normativa, los proveedores parecen tener dificultades para proporcionar infraestructura y profesionales sanitarios preparados para la tecnología digital. Y es dudoso que los pagadores tengan la misma disposición a pagar por la telesalud.

Adelante

El siguiente cuadrante incluye sectores y empresas que tienen dificultades para migrar a los clientes a pesar de haber invertido en importantes procesos de digitalización empresarial. Los sectores industriales de este cuadrante cuentan con ecosistemas digitales y llevan tiempo incentivando la digitalización entre sus clientes, pero la mayoría siguen estancados en la experiencia física, limitando la efectividad de los esfuerzos.

Un ejemplo es la industria minorista. Como nativo digital, Amazon ha dominado la escena del comercio electrónico durante muchos años e incluso ha intensificado sus operaciones de venta de comestibles al adquirir Whole Foods. Por otra parte, mucho antes de la pandemia, los minoristas de tipo físico iniciaron su propia transformación digital en previsión de la disrupción que se avecinaba. El gigante minorista Walmart lanzó su comercio electrónico —Walmart.com— y se asoció con Shopify para ampliar sus operaciones de mercado. Estos movimientos permiten la competencia entre minoristas y una experiencia de compra omnicanal.

La infraestructura de apoyo también está desarrollándose, lo que permite la expansión del comercio electrónico. Aunque algunos grandes minoristas se centran en sus capacidades logísticas, empresas como DHL han apostado por redes de cumplimiento de comercio electrónico. Y lo mismo ocurre con las redes sociales, que funcionan ahora como plataforma de venta social. Target, por ejemplo, se ha convertido en el primer gran minorista que vende productos a través de Instagram.

A pesar de la fuerza de estos ecosistemas digitales, la Oficina del Censo de Estados Unidos informó de que, en el primer trimestre de 2020, el comercio electrónico solo contribuyó a algo menos del 12 % del total del comercio minorista. Pew también revela que, aunque el 80 % de los estadounidenses compran en línea, la mayoría sigue prefiriendo ir a las tiendas. Pero la pandemia podría crear una nueva normalidad en la que el grueso de los compradores migre a un viaje de cliente más digital. Los agentes del sector deben seguir de cerca la tendencia para ver si la pandemia funciona como catalizador del comercio minorista en línea.

Orgánico

Este cuadrante se aplica a industrias que ofrecen productos y servicios con un alto grado de contacto físico. En la mayoría de los casos, requieren de mucha mano de obra y, por lo tanto, tienen dificultades para gestionar a sus empleados de forma remota. Por otro lado, la mayoría de los clientes están preparados para migrar a lo digital, por lo que estos se convertirán en los principales impulsores, obligando a las empresas a integrar tecnologías digitales.

La industria del automóvil se encuentra en este cuadrante, puesto que la mayoría de los compradores de coches ya hacen *webrooming*, es decir, investigan en Internet y acaban comprando en concesionarios. Un estudio de Google/Comscore muestra que el 95 % de los compradores de coches utilizan tecnología digital como principal fuente de información, pero más del 95 % de las compras siguen realizándose en el concesionario.

Pero la pandemia ha acelerado la compra de coches *online*. Varias plataformas de compra, como Carvana y Vroom, han informado de un aumento de sus ventas en línea, ya que los compradores prefieren la interacción sin contacto. A diferencia de lo que ocurre en los sectores de la hostelería y la sanidad, los contactos físicos en la compra de coches son innecesarios y menos valiosos una vez que los potenciales compradores han investigado suficiente.

Además, los coches se han posicionado como productos de alta tecnología gracias a la aparición de vehículos eléctricos (EV), vehículos autónomos (AV) y conectividad de vehículo a vehículo (V2V). A medida que la experiencia automovilística se vuelva más tecnológica, el proceso de compra será el único paso importante en el viaje del cliente que siga siendo tradicional.

Sin embargo, los fabricantes de automóviles y los concesionarios solo acaban de empezar a crear su entorno digital. Aparte de plataformas *online* de compra de coches, la mayoría de los fabricantes y concesionarios tienen una presencia *online* limitada. Las expectativas de los clientes respecto a la digitalización de la industria del automóvil no se limitan a una plataforma de comercio electrónico para la reserva de pruebas o la compra, sino también a la adopción de otras herramientas digitales de venta y marketing. Con la realidad virtual (RV), por ejemplo, los compradores potenciales pueden explorar las opciones de los coches de forma visual. Y, más importante aún, la IA puede ofrecer funciones adicionales, como el mantenimiento predictivo de los vehículos o la supervisión preventiva de seguridad utilizando los datos de los coches conectados.

Omni

Este cuadrante es, en última instancia, donde las empresas quieren estar. Las empresas de otros cuadrantes deben intentar migrar a sus clientes y desarrollar sus capacidades para convertirse en empresas «omni». En este cuadrante se encuentran aquellas industrias que han experimentado un golpe más suave durante la crisis de la pandemia, como la alta tecnología y los servicios financieros. Las empresas tecnológicas son, naturalmente, las más preparadas para una política de distanciamiento social y un comportamiento de permanencia en el hogar. Con la digitalización como parte importante de su ADN, las empresas ya apuntaban a perturbar las industrias tradicionales, y la pandemia simplemente les dio un impulso significativo. Empresas como Amazon, Microsoft, Netflix, Zoom y Salesforce han experimentado un gran crecimiento.

Los servicios financieros digitales también crecen cuando los clientes evitan desplazarse a los bancos, y los pagos sin efectivo se han convertido en la norma. Sin embargo, los bancos migraban a sus clientes a canales digitales mucho antes y con todo tipo de incentivos. Hoy en día, todos los grandes bancos ofrecen servicios de banca *online* y móvil.

En el sector bancario, la elección del canal por parte del cliente se basa exclusivamente en la comodidad. Los clientes que optan por ir a una sucursal bancaria no buscan una experiencia conmovedora, como en las tiendas, sino una experiencia cómoda. Así pues, si la banca digital lograra replicar esta comodidad para una amplia gama de clientes, el canal electrónico se convertiría en el preferido.

Pero, en este sector, la digitalización va mucho más allá. Muchos servicios financieros ya incorporan o están explorando el uso de *chatbots* para reducir la carga de trabajo del centro de llamadas, *blockchain* para mejorar la seguridad de las transacciones e IA para detectar fraudes. Se ha convertido en una de las industrias más digitales, si dejamos aparte los negocios de alta tecnología y los medios de comunicación.

4. ¿Cómo estás de preparado para ser digital?

Los cuatro cuadrantes ofrecen una visión general del grado de preparación de un sector concreto para la digitalización. Pero cada empresa, incluso en el mismo sector industrial, puede tener una preparación diferente y, por tanto, encontrarse en un cuadrante distinto. Así pues, debe realizarse una autoevaluación basada en la capacidad de digitalización y en el deseo de los clientes de migrar a canales digitales. Las empresas que se ajustan a la mayoría de los criterios de evaluación están preparadas para la digitalización (figura 5.4).

FIGURA 5.4 Estrategias de evaluación de la preparación digital para migración de clientes a canales digitales

PREPARACIÓN DIGITAL DE LA EMPRESA

Experiencia digital del cliente	
1	La empresa puede interactuar de forma digital con sus clientes en muchos puntos del recorrido del cliente.
2	Todos los puntos de contacto pueden integrarse en una experiencia de cliente sin fricciones ni fracturas.
3	La empresa puede generar valor y aumentar sus beneficios a través de modelos de negocio digitales.
Infraestructura digital	
1	Hay disponibles tecnologías para recoger, almacenar, gestionar y analizar gran cantidad de datos en tiempo real.
2	Los procesos de negocio son digitalizados y reinventados para adaptarlos al nuevo modelo de negocio digital.
3	Se implementa la digitalización de activos físicos, como edificios, flotas y equipamiento, mediante el internet de las cosas.
Organización digital	
1	La mayoría de los empleados cuentan con herramientas para trabajar individualmente y en equipo de forma remota.
2	Atraer talentos digitales, como científicos de datos, diseñadores de experiencia de usuario y arquitectos de datos es una prioridad clave.
3	Existe una fuerte cultura digital compartida por los directivos y los talentos digitales.

PREPARACIÓN DIGITAL DEL CLIENTE

Base de clientes digital	
1	La mayoría de los clientes se manejan digitalmente y pertenecen a la generación Y o la generación Z.
2	La mayoría de los clientes ya interactúan y realizan transacciones con la empresa a través de plataformas digitales.
3	Cuando consumen o utilizan los productos y servicios de la empresa, los clientes deben interactuar con interfaces digitales.
Recorrido digital del cliente	
1	El recorrido del cliente es total o parcialmente digital *(webrooming o showrooming).*
2	Los puntos de contacto físicos que frustran a los clientes pueden reemplazarse o mejorarse mediante tecnologías digitales.
3	Hay gran cantidad de información disponible para que los clientes tomen decisiones bien informadas por sí mismos.
Propensión de los clientes a digitalizarse	
1	Los clientes consideran las interacciones físicas como innecesarias, irrelevantes o sin valor.
2	Los productos y servicios se consideran menos complicados y, por tanto, con menos riesgos y problemas de confianza.
3	La mayoría de los clientes tienen incentivos para digitalizarse: más oferta, mejores precios, mejor calidad y más comodidad.

Las empresas de los cuadrantes «origen» y «adelante» necesitan migrar a sus clientes a canales digitales. Estos todavía ven valor en las interacciones físicas, por lo que tienen poca motivación para pasar a lo digital. La estrategia de migración debe centrarse en proporcionar estímulos para, al tiempo que se ofrece un mayor valor a través de la experiencia de cliente en línea.

1. Incentivar la digitalización. Para promover las interacciones digitales, las empresas deben mostrar las ventajas de conectarse a Internet y ofrecer incentivos positivos y negativos para fomentar la migración digital. Son incentivos positivos las gratificaciones instantáneas, como la devolución de dinero, los descuentos y las promociones al consumidor en plataformas digitales, y son incentivos negativos los cargos adicionales en métodos o interacciones *offline* y, en casos extremos, la anulación total o parcial de servicios fuera de línea.

Aparte de incentivos monetarios, una empresa puede informar a los clientes de sus capacidades digitales y de cómo un entorno digital mejoraría la forma de hacer negocios.

2. Abordar los puntos de frustración con lo digital. Las empresas deben identificar los puntos de frustración de los clientes a lo largo de su recorrido y abordarlos con la digitalización. Las interacciones físicas tienen puntos débiles inherentes, sobre todo en lo que respecta a su ineficacia. Una de las principales causas de frustración es el tiempo de espera o las colas en puntos de contacto *offline*. Los procesos complicados también suelen generar confusión y una pérdida de tiempo para los clientes. Para los clientes que buscan soluciones rápidas y directas, lo digital puede hacerse cargo de algunos de estos procesos.

Además, las interacciones humanas tienen un alto riesgo de fracaso en el servicio. El personal incompetente, las respuestas no estandarizadas y la mala hospitalidad son algunas de las principales causas de queja. Cuando los problemas de primera línea son cada vez más evidentes, sobre todo a medida que las empresas crecen, poner a su disposición un canal digital alternativo podría estimular un cambio de comportamiento.

3. Recrear interacciones físicas en entornos digitales. Cuando las interacciones físicas crean valor y siguen siendo deseables, las empresas pueden recurrir a comunicaciones digitales que permitan una conexión directa con personal de primera línea, desde cualquier lugar, a través de plataformas de vídeo. Algunos ejemplos son la banca por vídeo en los servicios financieros o la consulta virtual en la telesalud. Este enfoque ahorra costes al tiempo que conserva las ventajas de los puntos de contacto humanos.

Un enfoque más avanzado implicaría utilizar un *chatbot* que pueda sustituir al personal de primera línea para consultas básicas. Los asistentes virtuales con tecnología de voz pueden responder preguntas sencillas y ejecutar órdenes. A pesar de algunas limitaciones, la tecnología de procesamiento del lenguaje natural permite que las conversaciones sean naturales.

5. Estrategias para crear capacidades digitales

El reto para las empresas de los cuadrantes «origen» y «orgánico» es crear capacidades que respondan a las necesidades de los clientes digitales. Deben invertir en infraestructura digital —*hardware*, *software* y sistemas de TI—, que será la base para ofrecer una experiencia digital al cliente. Por último, deben crear capacidades organizativas, que incluyan experiencia digital, habilidades y una cultura ágil.

1. Invertir en infraestructura digital. Las empresas deben comenzar su inversión digital creando una infraestructura de datos de clientes. La digitalización posibilita nuevas tácticas, como el marketing uno a uno o el marketing predictivo, pero la base de esas tácticas es la comprensión rápida y dinámica de los clientes. Por lo tanto, las empresas necesitan tecnologías para gestionar y analizar *big data* en tiempo real.

Del mismo modo, deben transformar sus procesos empresariales. La digitalización no solo consiste en automatizar operaciones actuales. A menudo, las empresas deben llevar a cabo toda una reingeniería del negocio para adaptarse a la nueva realidad digital. Además, las empresas migrantes han acumulado activos físicos que deben ser digitalizados. Con el internet de las cosas, que conecta esos activos digitalmente, puede aumentar su valor. Las empresas pueden utilizar edificios o flotas inteligentes para ofrecer una verdadera experiencia omnicanal.

2. Desarrollar una experiencia digital de cliente. En la era pospandémica, prosperarán aquellas empresas que consigan crear una experiencia digital de cliente. La digitalización no debe detenerse en el compromiso básico con el cliente, sino que debe abarcar todos los puntos de contacto, desde marketing hasta ventas, distribución, entrega de productos y servicio, que deben orquestarse en una experiencia de cliente sincronizada.

Pero lo más importante es replantearse la forma de crear valor o, lo que es lo mismo, cómo generar ingresos a partir de la experiencia de cliente. Los negocios digitales utilizan conceptos económicos diferentes, por lo que las empresas deberán explorar modelos de negocio emergentes, como la suscripción, el comercio electrónico o las compras a la carta.

3. Establecer una sólida organización digital. Quizás el factor más crucial que determina el éxito de la transformación digital es la organización. Los empleados deben disponer de herramientas digitales para trabajar a distancia y colaborar con otros de forma virtual. En empresas tradicionales en proceso de transformación, estas nuevas herramientas digitales deben integrarse con los sistemas informáticos heredados.

Para acelerar el proceso de aprendizaje organizativo, las empresas deben contratar nuevos talentos digitales, como científicos de datos, diseñadores de UX y arquitectos de TI, y centrarse en la cultura laboral, que suele ser el principal obstáculo para las transformaciones digitales. Es esencial contar con una cultura ágil, de experimentación, así como con la colaboración continua y sostenida de directores de negocio y talentos digitales.

6. Estrategias para reforzar el liderazgo digital

Ante el aumento de las expectativas de los clientes, las empresas del cuadrante «omni» no deben quedarse quietas. Mientras otros se ponen al día, deberán subir el listón. Los clientes digitales —la generación Y y la generación Z— ya no se conforman con lo básico, por lo que es crucial que las empresas adopten tecnologías avanzadas («lo próximo en tecnología») para la nueva experiencia de cliente («la nueva CX»).

1. Adoptar lo próximo en tecnología. Para las empresas omnicanal, el marketing de contenidos en redes sociales y plataformas de comercio electrónico se considera un factor de higiene sin el cual no es posible competir. Para optimizar su juego, las empresas deben adoptar tecnologías avanzadas que aún no forman parte de la corriente principal, como la IA para potenciar actividades de marketing o la tecnología de procesamiento del lenguaje natural en forma de *chatbots* y asistentes de voz.

Una combinación de IA, biometría, sensores e IoT puede ayudar a las empresas a ofrecer un punto de contacto físico con tecnología digital personalizada para cada individuo y contextual, adecuada al momento exacto de la interacción. El uso de la realidad aumentada y la realidad virtual puede animar la campaña de marketing y la exploración del producto. Estas tecnologías pueden cambiar las reglas del juego, y es responsabilidad de los líderes digitales ser los pioneros. (Para un análisis más detallado de las próximas tecnologías, véase el capítulo 6).

2. Presentar la nueva experiencia de cliente (CX). Un viaje sin fricciones es el sueño de todo cliente. El paso de *offline* a *online* y viceversa solía ser muy doloroso, ya que los puntos de contacto estaban desarticulados y compartimentados: los distintos canales no reconocían a los clientes al instante, que se veían obligados a identificarse en cada paso. Con la digitalización, una experiencia de cliente sin fricciones —donde el valor total es mayor que la suma de sus partes— es por fin una realidad. Esta es la nueva CX. Las empresas deben centrarse en ofrecer una nueva CX en tres niveles diferentes: informativo, interactivo y de inmersión. Cuando los clientes busquen respuestas, conversaciones o rodearse de experiencias sensoriales, las empresas deben estar preparadas para ofrecerlo (capítulo 7).

3. Identificarse como marca *digital-first*. Ser una marca que prioriza lo digital significa poner los recursos principales al servicio de las necesidades de los clientes digitales antes de abordar el resto. No se trata de ser una empresa de alta tecnología o de tener la mejor infraestructura informática, sino de tener una visión y una estrategia globales que sitúen todo lo digital en el centro. El diseño de CX pone el foco en tender un puente entre el mundo físico y el digital, donde la creación de activos digitales es la prioridad número uno y los productos digitales son los primeros en la línea de producción, además de que toda persona y todo proceso de la organización deben encontrarse en línea con lo digital (figura 5.5).

FIGURA 5.5 Estrategias de digitalización

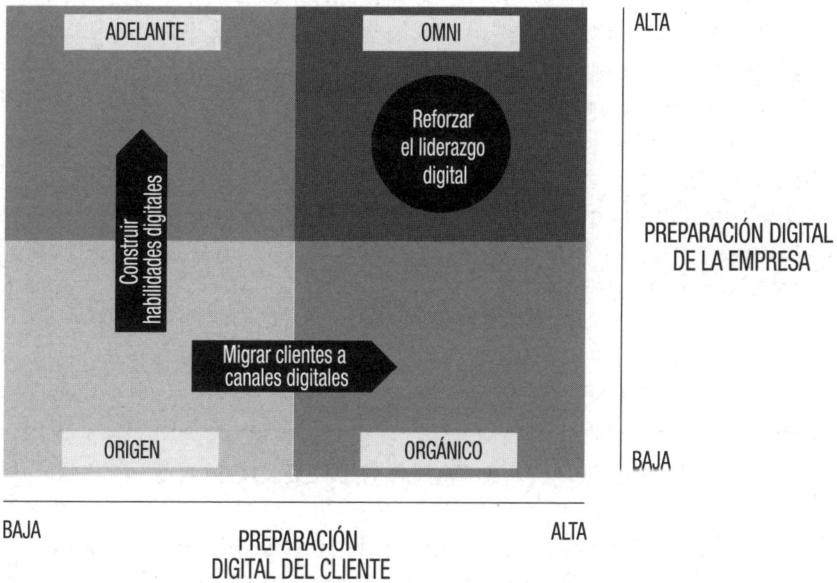

La pandemia ha ayudado a los clientes a distinguir entre verdaderas marcas digitales y aspirantes, ya que el impacto fue repentino y las empresas estaban desprevenidas. Las marcas *digital-first* prosperaron durante la crisis sin esfuerzos adicionales.

RESUMEN. ORGANIZACIONES PREPARADAS PARA LO DIGITAL

La pandemia se ha convertido inesperadamente en un acelerador digital a nivel mundial. Tanto las empresas como los mercados se han visto obligados a adaptarse a la movilidad restringida y, por tanto, han apostado con fuerza por lo digital. La crisis ha supuesto una llamada de atención para que las empresas no sigan procrastinando en cuanto a digitalización. Una organización preparada para la digitalización estará preparada para el futuro, para cuando los nativos digitales se apoderen de los mercados a nivel global.

Pero, cuando se trata de digitalización, no existen tallas únicas. Cada sector y cada actor de la industria se encuentra en un estado diferente de madurez digital. El primer paso consiste en evaluar la preparación digital de la base de clientes del mercado. El siguiente, evaluar las capacidades digitales de la organización y, dependiendo del resultado, elaborar y ejecutar su propio camino, que pueden incluir migración de clientes o estrategias de transformación digital.

PREGUNTAS PARA REFLEXIONAR

- Evalúa la preparación digital de tu organización y la de tus clientes. ¿Cómo estás de preparado para ser digital?
- Piensa en cómo puedes mejorar la preparación digital de tu organización y crea un plan para implementar la transformación.

CAPÍTULO 6

LA TECNOLOGÍA DEL FUTURO

1. La hora de las tecnologías con apariencia humana ha llegado

Durante la Segunda Guerra Mundial, los alemanes utilizaron ampliamente la máquina Enigma para cifrar las comunicaciones militares. Interceptar y descifrar los códigos encriptados permitiría a los británicos y a los Aliados anticipar el movimiento de las fuerzas alemanas. Para evitar más bajas en la guerra, un grupo de científicos corrió contrarreloj para descifrar los códigos militares creando una máquina llamada Bombe y, tras varios intentos de «entrenarla», finalmente lo consiguieron. Uno de los científicos era Alan Turing, un matemático ampliamente reconocido como uno de los primeros pensadores de la inteligencia artificial (IA). Su objetivo personal era crear una máquina que pudiera aprender de la experiencia, allanando el camino para el aprendizaje automático.

Igual que las primeras formas de IA ayudaron a los Aliados a ganar la Segunda Guerra Mundial, las tecnologías del futuro impulsarán a las empresas permitiéndoles implementar procesos y estrategias que antes no eran posibles. Las tecnologías del futuro o de próxima generación —aquellas que se generalizarán en la próxima década— son la base del marketing 5.0 y liberarán a las empresas de sus limitaciones pasadas: automatización de tareas tediosas y repetitivas que provocan errores humanos; superación de obstáculos geográficos gracias a la teletecnología, mejora de la seguridad de datos en sectores sensibles (como el financiero) mediante *blockchain*, reducción de la necesidad de recursos humanos en entornos de alto riesgo gracias a la robótica y el internet de las cosas (IoT)... Pero lo más importante es que la tecnología de próxima generación también permite un enfoque de marketing más humanista: visualización de productos y servicios mediante realidad aumentada y virtual —o realidad mixta (RM)—, por ejemplo, en el sector inmobiliario o personalización de contenidos en vallas publicitarias mediante sensores e inteligencia artificial de reconocimiento facial.

2. Posibilidades de la tecnología del futuro

Es importante señalar que gran parte de la tecnología del futuro ya se inventó hace más de medio siglo. La inteligencia artificial, el procesamiento de lenguaje natural y la robótica programable, por ejemplo, existen desde la década de 1950, mientras que el inicio del reconocimiento facial se remonta a los años 60. Pero ¿por qué han despegado en los últimos años? Esto es debido a las tecnologías que hacen estos conceptos posibles, que no eran tan potentes como ahora, como los ordenadores o el almacenamiento de datos, que era caro y voluminoso. El auge de las tecnologías del futuro ha sido posible gracias al desarrollo maduro de seis factores: la potencia de cálculo, el *software* de código abierto, Internet, la computación en la nube, los dispositivos móviles y el *big data* (figura 6.1).

Potencia de cálculo

A medida que la tecnología avanza, exige un *hardware* más potente y, a la vez, más rentable. El aumento exponencial de la potencia de cálculo, especialmente de la unidad de procesamiento gráfico (GPU) de alta eficiencia, ha hecho posible el funcionamiento de tecnologías que requieren mucha energía, como la IA. Los avances en la tecnología de semiconductores y en la reducción del tamaño de los procesadores se traducen en mayor potencia y menor consumo de energía. Permiten que la máquina de inteligencia artificial sea pequeña y local para proporcionar la potencia necesaria a aplicaciones que requieren de una respuesta en tiempo real, como un coche autónomo o un robot.

FIGURA 6.1 Los seis habilitadores de la tecnología de próxima generación

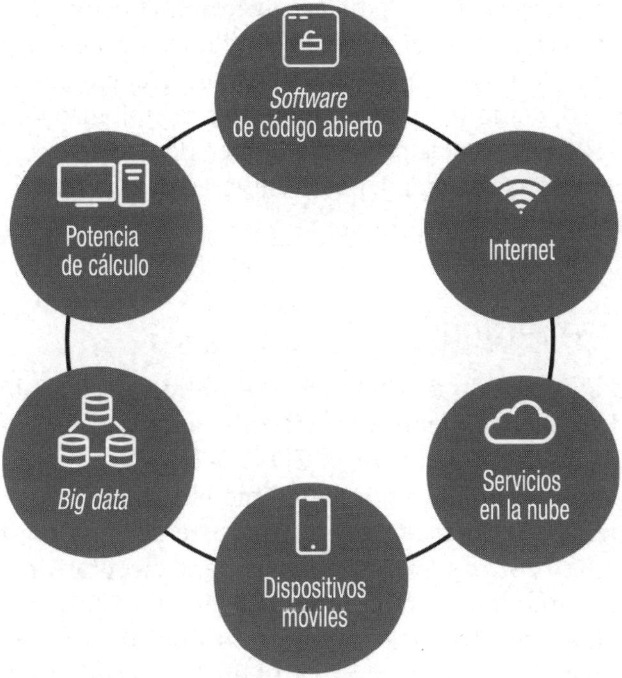

Software de código abierto

Se necesita un sistema de *software* igualmente robusto para hacer funcionar el potente *hardware*. La creación de *software* para IA suele requerir años de desarrollo, y aquí es donde el *software* de código abierto desempeña un papel importante en la aceleración del proceso. Mediante procesos colaborativos, grandes empresas como Microsoft, Google, Facebook, Amazon e IBM han abierto sus investigaciones y algoritmos de IA. De esta forma, comunidades de desarrolladores de todo el mundo pueden mejorar y perfeccionar sus sistemas con mayor rapidez. Se aplican modelos similares a la robótica, el *blockchain* y el IoT.

Internet

Internet es con toda probabilidad el agente que ha revolucionado el juego y, gracias a las redes domésticas de fibra óptica (FTTH) y la tecnología inalámbrica 5G, se satisface la creciente demanda de ancho de banda. Internet conecta a miles de millones no solo de personas, sino también de máquinas, y es la base de tecnologías relacionadas con la red, como IoT y *blockchain*. Las tecnologías interactivas, como RA, RV y asistencia por voz, también dependen enormemente del Internet de alta velocidad, pues requieren de una baja latencia de red para funcionar bien.

Cloud computing

El acceso compartido a sistemas informáticos, especialmente de *software* y almacenamiento web, permite a los usuarios trabajar a distancia. Con la pandemia de la COVID-19 —y el trabajo remoto que impuso— se volvió imprescindible el trabajo y los servicios en la nube. Las empresas que utilizan este sistema no necesitan invertir en *hardware* y *software* caros para ejecutar aplicaciones complejas como la IA. En su lugar, suelen suscribirse a servicios y utilizar la infraestructura compartida que ofrecen los proveedores de computación en la nube, lo que les proporciona mucha flexibilidad, pues amplían su suscripción a medida que crecen sus necesidades. Y como los proveedores actualizan regularmente su infraestructura, las empresas no tienen que preocuparse por mantenerse al día en términos tecnológicos.

Son cinco los grandes actores de la IA que dominan el mercado de la computación en la nube: Amazon, Microsoft, Google, Alibaba e IBM.

Dispositivos móviles

Las tendencias informáticas distribuidas son posibles gracias al desarrollo de los dispositivos móviles, que ha dado tal impulso que los *smartphones* de gama alta son ahora tan potentes como un PC, lo que los convierte en el principal dispositivo informático y de acceso a Internet para la mayoría de las personas.

La portabilidad de los dispositivos potencia la movilidad y, a su vez, aumenta la productividad sobre la marcha. También permite la entrega distribuida de experiencias de cliente. Hoy en día, los *smartphones* son lo suficientemente robustos como para sostener reconocimiento facial, asistente de voz, RA, RV e incluso impresión 3D.

Big data

El *big data* es la última pieza del rompecabezas. La tecnología de IA requiere de un volumen masivo y de una gran variedad de datos para entrenar a la máquina y mejorar el algoritmo cada cierto tiempo, y esto puede hacerse a partir del uso diario de navegadores web, correo electrónico, redes sociales y aplicaciones de mensajería, especialmente en dispositivos móviles.

Los datos externos complementan los de las transacciones internas proporcionando patrones psicográficos y de comportamiento. La mayor ventaja de los datos digitales, a diferencia de los procedentes de estudios de mercado tradicionales, es que pueden recogerse en línea, en tiempo real y a escala. Además, el coste del almacenamiento de datos está bajando y la capacidad aumenta a un ritmo muy rápido, lo que facilita la gestión de grandes volúmenes de información.

La disponibilidad y la asequibilidad de estas seis tecnologías interrelacionadas animan a los laboratorios académicos y empresariales a explorar la próxima frontera. Esto hace que tecnologías avanzadas antes inactivas puedan alcanzar la madurez y la adopción a gran escala.

3. Reimaginar negocios con la tecnología del futuro

Los humanos somos seres únicos, bendecidos con una capacidad cognitiva sin parangón. Somos capaces de tomar decisiones difíciles y de resolver problemas complejos. Pero lo más importante es que podemos aprender de la experiencia; la forma en que nuestro cerebro desarrolla las habilidades cognitivas es a través del aprendizaje contextual: adquiriendo conocimientos, buscando patrones en nuestra propia experiencia vital y desarrollando una visión holística.

La forma en que los humanos aprenden es extraordinariamente compleja. Los seres humanos recibimos estímulos de los cinco sentidos y utilizamos lenguaje verbal y señales visuales para enseñar y aprender. Nuestras percepciones del mundo se ven reforzadas por el tacto, el olfato y el gusto, pero también recibimos formación psicomotriz, por ejemplo, para escribir, caminar y realizar otras habilidades motoras. Este aprendizaje es un proceso que dura toda la vida y, como resultado, podemos comunicarnos, sentir y movernos en función de los estímulos del entorno.

Durante muchos años, los científicos y tecnólogos han estado obsesionados con replicar las capacidades humanas con máquinas. El aprendizaje automático trata de imitar el enfoque del aprendizaje contextual. Pero los motores de IA no están diseñados para aprender por sí mismos. Al igual que los humanos, deben ser entrenados para aprender mediante algoritmos y se sirven del *big data* para almacenar ejemplos contextuales. También pueden «comprender» los algoritmos y dar sentido completo a los datos. Los sensores imitan los sentidos humanos y aprenden a través de ellos; el reconocimiento facial y de imágenes puede ayudar a las máquinas a distinguir objetos basándose en el modelo de aprendizaje visual que utilizan los humanos. Además, la habilidad cognitiva de los ordenadores les permite imitar las interacciones sociales —PLN— y realizar movimientos físicos —robótica—. Aunque las máquinas aún no poseen conciencia y finura de nivel humano, sí tienen mayor resistencia y fiabilidad, por lo que aprenden un volumen masivo de conocimientos en un corto período de tiempo.

Sin embargo, la singularidad humana no se detiene ahí. Los humanos pueden comprender conceptos abstractos, como la ética, las culturas y el amor, que no tienen forma física. Esta capacidad de imaginación más allá del razonamiento hace que los humanos sean más creativos, pero también los lleva a desviarse de lo que se considera racional y razonable. Además, somo seres muy sociales. Intuitivamente nos gusta reunirnos en grupos y establecer relaciones con los demás. Las máquinas también se están entrenando en estos otros aspectos de las capacidades humanas. Por ejemplo, la RA y la RV tratan de imitar la imaginación humana superponiendo dos realidades diferentes —*online* y *offline*—. También tratamos de conceptualizar cómo deben socializar las máquinas entre sí mediante el desarrollo de IoT y *blockchain*.

Estas tecnologías avanzadas son lo que llamamos la tecnología del futuro: inteligencia artificial, PLN, tecnología de sensores, robótica, realidad mixta, IoT y *blockchain*. Al replicar las capacidades humanas, potenciarán un marketing de próxima generación (figura 6.2).

FIGURA 6.2 Biónica: seis formas en que la tecnología imita a los humanos

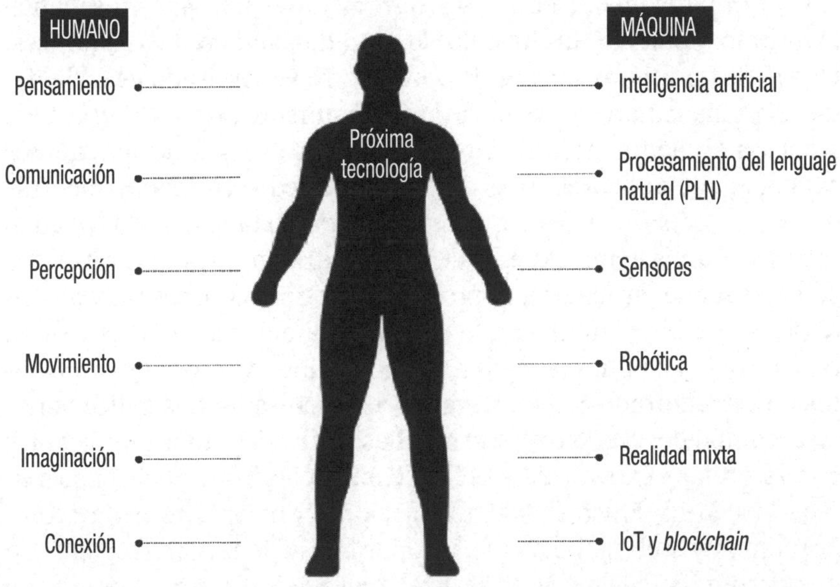

Inteligencia artificial

La IA es probablemente la tecnología más popular y, sin embargo, la menos comprendida de los últimos tiempos. Es intimidante cuando pensamos en ella a nivel humano, como se ve en las películas de ciencia ficción. Esta forma de IA, que se conoce como «inteligencia general artificial» (AGI), va más allá. Ese nivel de evolución tecnológica implica que las máquinas serán capaces de pensar como los humanos y, por tanto, es posible que empiecen a tener conciencia y emociones, pero todavía estará en desarrollo al menos otros 20 años.

Sin embargo, no es necesario que sea tan sofisticada. La aplicación directa de IA ya es común, sobre todo para automatizar tareas rutinarias en varios sectores: las empresas de servicios financieros se sirven de IA para detectar fraudes y para evaluar la capacidad de crédito de sus clientes; Google recomienda búsquedas con cada búsqueda que se escribe en la barra; Amazon ofrece recomendaciones de libros; y Uber establece precios dinámicos.

En su forma restringida, la IA utiliza algoritmos informáticos para realizar tareas específicas que antes requerían inteligencia humana. Y este aprendizaje puede ser supervisado o no supervisado. En el formato supervisado, los programadores humanos diseñan el algoritmo siguiendo un modelo de entrada-salida o de si-entonces. Una de las primeras formas de aprendizaje supervisado es el llamado «sistema experto», conocido principalmente por los *chatbots* de atención al cliente. Al interactuar con un *chatbot* simple, los clientes solo pueden hacer preguntas de una lista predeterminada, mientras que las empresas con procesos recurrentes y estandarizados pueden recurrir a un sistema experto de automatización. En el formato no supervisado, el ordenador aprende e identifica patrones previamente desconocidos a medida que se alimenta de datos históricos con una participación humana mínima, analizando y transformando datos no estructurados en información estructurada. Las aplicaciones en el campo del marketing son muchas. Una de las más importantes es interpretar y extraer ideas del *big data*: a partir de publicaciones en redes sociales, el historial de transacciones y otros datos sobre comportamiento web, la IA puede agrupar a los clientes en clústeres, lo que permite a las empresas realizar una segmentación de mercado basada en datos y en la selección de objetivos. A partir de esta base de datos, es posible personalizar la recomendación de productos, precios y campañas de marketing de contenidos. Y, a medida que los clientes responden a la oferta, el ordenador sigue aprendiendo y modificando su algoritmo.

Aunque la AGI aún no está disponible, una IA integrada en la empresa es posible. Ejemplo de ello es Ant Financial, la empresa matriz de pago en línea de Alipay y una filial de Alibaba, que utiliza IA y otras tecnologías de apoyo para automatizar todos sus procesos empresariales: seguridad en los pagos, asesoramiento financiero, aprobación de préstamos, procesamiento de reclamaciones de seguros, servicio al cliente y gestión de riesgos. Reimaginemos un momento los seguros de coche mediante reconocimiento de imágenes y aprendizaje automático. Los clientes podrían presentar una reclamación subiendo una foto desde su *smartphone*. El motor de IA analizaría la imagen y determinaría si la solicitud es legítima. La IA funcionaría como el cerebro de la automatización, pero necesitaría de otras tecnologías como la robótica, el reconocimiento facial, la tecnología de voz y los sensores para ofrecer una experiencia de cliente de última generación. La IA, limitada antes a los laboratorios de investigación informática, está llegando a la vida cotidiana de los clientes y creará mucho valor añadido, pero debe gestionarse con cuidado. Los sesgos, procedentes de preferencias humanas y decisiones históricas, pueden colarse en su algoritmo y, sin un desarrollo inclusivo, podría conducir a un aumento de la disparidad.

Por último, otro de los campos de aplicación destacables para la IA es la publicidad y la comunicación de las marcas. Cruzcampo y su campaña *El acento es tu tesoro, no lo pierdas nunca,* es un buen ejemplo de ello, por la magnífica utilización de tecnologías basadas en IA y por usarlas con un fin más elevado que cubrir solo la necesidad material de sus clientes, como la transmisión de sus valores de marca. Y es que, la sociedad en la que vivimos está hiperconectada pero confrontada; progresivamente resulta más homogénea pero también excesivamente individualista y cada vez es más difícil encontrar referencias que unan perspectivas y nos hagan avanzar juntos. Afortunadamente, las marcas y la publicidad tienen un nivel de exigencia cada vez mayor. Tienen un papel que desempeñar para transmitir seguridad y valores sólidos, proporcionando referencias en las que confiar y principios en los que creer. Las marcas deben guiar nuestros pasos y reconectarnos tanto con nosotros mismos como con nuestro entorno. Deben crear un futuro basado en la mezcla y la suma del carácter distinto y auténtico de cada individuo. En este sentido, Cruzcampo, que forma parte del grupo Heineken, siempre ha sido una marca genuina, orgullosa de sus orígenes, que ha construido su historia en la dirección que le dictaban sus raíces. Al mismo tiempo, la mezcla y la reinvención constantes han pavimentado el camino.

Con la llegada del año de la pandemia, el objetivo de la marca era compartir estos valores con el resto del mundo defendiendo la autenticidad, el carácter y la defensa de la diversidad como fórmula para superar los tiempos turbulentos. Para ello, la marca buscó una personalidad que estuviera a la altura, a alguien que pudiera transmitir, a alguien que hubiera hecho historia precisamente por eso, por mostrar carácter y autenticidad y así marcar el futuro y el progreso. La marca decidió recurrir a un icono atemporal, a alguien con una fuerte personalidad y reconocimiento internacional: Lola Flores .

En el siglo XXI y en medio de una crisis sanitaria global, la tecnología permitió transmitir este mensaje. Gracias al vasto archivo audiovisual que dejó y al desarrollo de la inteligencia artificial, Lola Flores pudo volver a alzar la voz una vez más en nombre de la autenticidad y la riqueza que nos aporta la diversidad. Esta vez, en una campaña que fue *trending topic* absoluto en España el día de su lanzamiento y que consiguió un nivel de viralidad y alcance sin precedentes para la marca.

Hicieron falta más de cinco mil imágenes, un nuevo *software* publicitario basado en inteligencia artificial, incontables horas de posproducción y un equipo de más de diez personas directamente involucradas en el vídeo de *deep fake* para conseguir un resultado hiperrealista impresionante del que todo el mundo hablaba y que compartía.

La tecnología ha permitido a Cruzcampo recuperar los valores atemporales de una figura icónica de la historia de España. Y ha servido para mostrar cómo los valores siguen muy vivos en los jóvenes artistas que participan en el *spot,* como Califato ¾, María José Llergo o Habla tu andaluz. Es un reflejo de las personas que representan a las nuevas generaciones, orgullosas de su origen, y que respetan y celebran sus raíces, agitándolas sin reparos para seguir adelante.

Pero la tecnología por sí misma no es nada. Solo puede ayudarnos a avanzar como sociedad si la ponemos al servicio de todos. Y emplear la tecnología para traer de vuelta a alguien que pueda resaltar estos valores esenciales es una práctica muy valiosa.

Procesamiento del lenguaje natural (PLN)

Otro avance interesante es el PLN, que consiste en enseñar a las máquinas a replicar la forma humana de comunicarse, tanto en lenguaje escrito como hablado. El PLN es un aspecto fundamental en el desarrollo de IA, sobre todo para aquella que requiere entradas de lenguaje, como los asistentes de voz. También es un reto, ya que el lenguaje humano, en su forma natural, suele ser difuso, intrincado y con muchas capas. Se necesita un gran volumen de transcripciones de conversaciones reales y grabaciones de vídeo para enseñar a las máquinas los matices del lenguaje.

La aplicación más extendida de PLN son los *chatbots*, no solo en prestación de servicios, sino también en ventas. Reducen la necesidad de canales más costosos, como centros de llamadas o telemarketing, especialmente cuando se trata de atender a clientes de nivel inferior. Empresas como Lyft, Sephora y Starbucks ya utilizan *chatbots* para tomar pedidos e interactuar con los clientes. En el espacio B2B, empresas como HubSpot y RapidMiner utilizan *chatbots* para calificar a sus clientes potenciales y dirigirlos a los canales de seguimiento adecuados. La popularidad de las plataformas de mensajería en línea, como WhatsApp, Facebook Messenger y WeChat, es el factor clave que contribuye al aumento de los *chatbots*. Por la misma razón, las personas esperan comunicarse con los *chatbots* de la misma manera que lo harían con otras personas.

Por eso es tan importante el PLN. A diferencia de los *chatbots* simples, capaces de responder solo a preguntas cerradas, los *chatbots* con PLN pueden interpretar y responder preguntas arbitrarias. El PLN permite a los *chatbots* entender un mensaje de chat, aunque contenga ruido, como errores tipográficos, jerga y abreviaturas. Los *chatbots* potentes también pueden entender sentimientos, por ejemplo, para detectar declaraciones sarcásticas. Y son capaces de interpretar el contexto para deducir el significado de palabras ambiguas.

Con la tecnología de voz, las máquinas también han mejorado mucho a la hora de responder a órdenes verbales. Hay muchos asistentes de voz disponibles: Amazon Alexa, Apple Siri, Google Assistant y Microsoft Cortana, y todas son aplicaciones muy capaces de responder a consultas sencillas y de ejecutar comandos en múltiples idiomas. La demostración de Google Duplex en I/O 2018 demostró que un asistente virtual también podría llevar a cabo conversaciones naturales sin problemas. Al llamar a una peluquería o a un restaurante para reservar una cita, el asistente de voz abandona el tono robótico e incluso añade pausas y palabras de relleno para volverlo todo más realista.

Con este reciente desarrollo, cada vez más clientes empiezan a buscar y comprar a través de asistentes de voz. Los asistentes podrán comparar productos y ofrecer recomendaciones sobre distintas marcas basándose en decisiones históricas: cuantos más productos se compren, más precisa será la sugerencia. Para anticiparse a esta nueva forma de comprar, las marcas deben estar preparadas y recopilar grandes datos por su cuenta para entender los algoritmos de compra, que reflejan las preferencias de los usuarios.

Tecnología de sensores

Además del reconocimiento de texto y de voz, las máquinas también aprenden del reconocimiento facial y de imágenes. La creciente popularidad de las fotos y los selfis en la era de las redes sociales alimenta esta tendencia; en pocas palabras, se escanea una imagen y se busca un parecido en la web o en la base de datos. Como motor de búsqueda líder, Google ha desarrollado capacidades de reconocimiento de imágenes para su buscador web, pero las aplicaciones van mucho más allá. Por ejemplo, navegando millones de publicaciones en redes sociales, las empresas pueden escanear fotos de personas que compran y consumen sus marcas y enviar notas de agradecimiento. También pueden identificar a quienes utilizan marcas de la competencia e invitarlos a cambiar. Esta publicidad altamente dirigida es una forma muy eficaz de mejorar la cuota de mercado.

Tesco, en Reino Unido, utiliza sensores de reconocimiento de imágenes para optimizar sus planogramas, que muestran cómo deben exponerse los productos en las estanterías para fomentar las compras. Cuenta con robots que toman fotos de los productos en las estanterías y analizan las imágenes para identificar roturas y desajustes de *stock*. El reconocimiento de imágenes también es útil para mejorar la experiencia de cliente, por ejemplo, ofreciendo la posibilidad de escanear un producto en la estantería y recibir información detallada sobre el mismo. Tesco también tiene previsto desplegar una cámara de reconocimiento facial en las cajas para identificar la edad de los compradores de alcohol y de cigarrillos. De esta forma, podrá implementar la autocompra sin la presencia de un cajero.

Del mismo modo, el reconocimiento facial se utiliza en vallas publicitarias digitales, puesto que identificar el perfil demográfico y el estado emocional de la audiencia puede ayudar a los anunciantes a ofrecer el contenido adecuado, así como capturar las respuestas faciales ante los contenidos permite a los anunciantes mejorar sus anuncios.

Otro ámbito popular donde se han desplegado sensores es el de los vehículos autónomos. Empresas tecnológicas como Waymo, afiliada a Google, compiten con otras respaldadas por los fabricantes de automóviles, como GM Cruise, Ford Autonomous y Argo AI, en este ámbito. Un coche autónomo depende en gran medida de sensores para alimentar su IA con una comprensión instantánea de las condiciones circundantes. Suele utilizar cuatro tipos de sensores —cámara, radar, ultrasonido y lidar— situados en diferentes partes del vehículo para medir distancias, identificar carriles y detectar otros coches.

También se instalan en los coches sistemas telemáticos con sensores que mejoran la seguridad y la gestión del vehículo. Es especialmente útil en términos de logística y de optimización de la cadena de suministro: los propietarios pueden supervisar vehículos sin conductor, recibiendo información diaria sobre patrones de GPS, tiempo de conducción, kilometraje y eficiencia del combustible. Y, lo que es más importante, se envían recordatorios de la revisión del coche a los propietarios. Compañías de seguros como Progressive y GEICO también utilizan la telemática para desarrollar programas de seguros basados en el uso que ofrecen descuentos en las primas.

Robótica

Desde la década de 1960, grandes empresas de países industrializados han utilizado robots para la automatización de su *back-end.* Los robots de automatización han sido los preferidos para la industria manufacturera debido a su carácter intensivo como mano de obra, especialmente en los últimos años, cuando los costes de los robots cayeron por debajo de los salarios. El avance de la IA ha ampliado la gama de tareas que pueden realizar los robots industriales y esto, combinado con la resistencia y la flexibilidad de sus horas de trabajo, que conllevan mayor productividad, constituye un sólido argumento comercial a favor de la automatización empresarial.

En los últimos años, las empresas han intentado utilizar robots que sustituyan a los humanos en la interfaz de cara al cliente, como ejercicio de marketing. De hecho, debido al envejecimiento de su población y a su tendencia a aceptar un número reducido de inmigrantes, Japón está impulsando y liderando el camino en lo que respecta a los robots, puesto que fabricantes de automóviles como Toyota y Honda han invertido en robots de asistencia a personas mayores; el robot Pepper de SoftBank se ha convertido en un compañero personal en residencias de ancianos y en un asistente de ventas en las tiendas; y Nestlé utiliza robots para fabricar, vender y servir café.

Pero uno de los experimentos más extremos de la robótica se ha producido en el sector de la hostelería, donde el factor humano es crucial. La idea es que los robots se ocupen de algunas tareas para que el personal pueda ofrecer un servicio más personalizado. Hilton, en Virginia, puso a prueba a Connie, un robot conserje que, gracias a la IA de IBM Watson, puede recomendar a los huéspedes atracciones y restaurantes cercanos. El hotel Aloft en Cupertino presentó a Botlr, un robot mayordomo que ofrece servicios a los clientes y recibe propinas en forma de tuits. Los hoteles también están empezando a utilizar robots para cocinar, como es el caso del robot que hace tortillas en el hotel Studio M en Singapur.

Aunque solemos imaginar formas humanoides, la robótica no solo implica robots físicos. Recientemente, se está explorando la automatización de procesos robóticos (RPA), que implica robótica de *software* y donde el robot virtual realiza el trabajo informático como lo haría un humano, siguiendo pautas específicas. Las empresas lo utilizan para automatizar procesos repetitivos de gran volumen sin margen de error. A menudo se utiliza para gestión financiera de *back-office*, como la facturación y el pago, pero también se pueden automatizar gestiones de recursos humanos, como incorporación de empleados y procesamiento de nóminas.

En el ámbito comercial, la RPA puede utilizarse de varias maneras, pero lo más común es la gestión del CRM. El equipo de ventas puede convertir fácilmente las tarjetas de visita y los informes en papel a formatos digitales y almacenarlos en el sistema de CRM o automatizar correos electrónicos a potenciales clientes. En el ámbito del marketing, la RPA se utiliza sobre todo para publicidad programática, que implica la puja y la compra automatizada de emplazamientos publicitarios digitales para obtener un resultado optimizado. Su popularidad va en aumento, de la mano del presupuesto de publicidad en línea.

Realidad mixta (RM)

En el campo de la innovación en interfaces de usuario tridimensionales, la realidad aumentada (RA) y la realidad virtual (RV) —o realidad mixta (RM)— destacan por ser muy prometedoras, ya que difuminan los límites entre el mundo físico y el digital. Dado que el objetivo es emular la imaginación humana, las aplicaciones actuales se centran principalmente en entretenimiento y juegos, pero algunas marcas ya han invertido en RM para mejorar la experiencia del cliente.

En la RA, el contenido digital interactivo se superpone a la vista del usuario al entorno real. El juego para móvil Pokémon Go es un popular ejemplo basado en RA, donde criaturas imaginarias aparecen a nuestro alrededor cuando miramos a través de la pantalla. Los tipos de contenido digital han evolucionado a lo largo de los años, desde gráficos principalmente visuales y sonidos hasta retroalimentación háptica y sensaciones olfativas.

La RV es, en cierto modo, el reverso de la RA. Si la RA trae objetos digitales al mundo real, la RV nos integra en un mundo digital, es decir, suele sustituir la vista del usuario por un entorno digital simulado. Con los auriculares puestos, los usuarios pueden vivir la experiencia de montar en una montaña rusa o de disparar alienígenas.

Para utilizar RV, se puede elegir entre auriculares específicos de RV, como Oculus Rift, o auriculares para el teléfono, como Google Cardboard. Las videoconsolas de Sony y Nintendo también ofrecen dispositivos de RV como extensiones.

La capacidad de combinar el mundo digital con el real es un factor de cambio en marketing. Ofrece un sinfín de posibilidades para ofrecer un marketing de contenidos atractivo, sobre todo porque la RM tiene sus raíces en los videojuegos y permite a las empresas incorporar información e historias a sus productos de forma divertida y emocionante. A su vez, logra que los clientes se visualicen a sí mismos usando los productos. En cierto modo, los clientes pueden ahora «consumir» el producto incluso antes de decidirse a comprarlo.

El sector turístico utiliza RV para ofrecer visitas virtuales que animen a las personas a visitar el destino real. El Louvre, por ejemplo, ofrece una experiencia virtual a usuarios que llevan auriculares HTC Vive para ver la «Mona Lisa» de cerca y explorar las historias que hay detrás del cuadro. Los minoristas lo utilizan para probar productos virtualmente o para ofrecer tutoriales. IKEA, por ejemplo, produce imágenes en 3D de sus productos y utiliza RA para ayudar a compradores potenciales a visualizar cómo encaja un mueble en sus hogares. Y Lowe's utiliza RV para formar a sus usuarios, paso a paso, en el bricolaje del hogar.

En el sector automovilístico, por ejemplo, Mercedes-Benz, Toyota y Chevrolet han implementado RA en forma de pantallas de visualización que superponen información en los parabrisas, mientras que Land Rover ha llevado esta idea del *heads-up display* más allá, superponiendo imágenes del terreno y creando la ilusión de un capó transparente. En la industria textil, TOMS es un ejemplo de utilización de RV en marketing, para crear un impacto social. La empresa es famosa por su política de donar un par de zapatos por cada par vendido y, mediante RV, los clientes pueden experimentar lo que supone donar los zapatos a los niños necesitados.

Otro ejemplo de empresa que ha desarrollado una tecnología en realidad aumentada (RA) es Telynet, una empresa española especializada, desde su creación en 1989, en el desarrollo de implementación de productos de *software* para dar servicio a empresas de distribución y venta, en el entorno de las soluciones móviles (SFA) y la gestión de la relación con los clientes (CRM) en diferentes países.

Uno de sus clientes más importantes, Campofrío, empresa multinacional líder en alimentación, quería facilitar y agilizar el trabajo que estaban haciendo los Gestores del Punto de Venta (GPV) en sus visitas diarias a las grandes superficies. Para ello necesitaban una herramienta móvil funcional, con diseños innovadores, que les permitiera realizar las gestiones más importantes de su trabajo de forma simple y ágil: acuerdos comerciales y promocionales, alarmas, control de surtidos, control de planogramas, gestión de actividades, visitas, control de presupuestos, gestión del PLV, gestión de regalos, gestión de expositores y control de precios.

Además de las funcionalidades solicitadas por Campofrío, Telynet incrementó en la herramienta, las últimas tecnologías del mercado en movilidad:

- Realidad aumentada para la gestión de expositores, pudiendo así ver virtualmente como quedaría un expositor antes de montarlo.
- Reconocimiento de voz en diferentes puntos del programa para mejorar la funcionalidad, agilizando así los tiempos de espera o respuesta.
- Planogramas gráficos e inteligentes para hacer más ágil y amigable la captura de datos como la rotura de stock o la situación de la competencia con referencia a nuestro producto, en tiempo real.
- Captura de fotos y vídeos de los puntos importantes de la visita que realizan a los clientes, en tiempo real, ahorrando trabajo a los GPV.
- Generación de archivos PDF con firma digital y con máxima seguridad.

Otra de las ventajas de la herramienta es que dispone de una amplia variedad de informes desarrollados en PowerBI, el servicio de análisis empresarial de Microsoft, que permite que la información viaje de forma rápida a todas las partes implicadas de la empresa para que la toma de decisiones se agilice de forma considerable y permita tomar más y mejores decisiones de forma que se pueda resolver rápidamente cualquier anomalía en los puntos de ventas.

Esta unión de nuevas tecnologías y funcionalidades totalmente personalizadas, hacen de la aplicación un elemento indispensable para la optimización y eficacia del trabajo de campo de los GPV, consiguiendo así aumentar el rendimiento de su fuerza de ventas y una excelente experiencia de cliente final en el punto de venta: facilidad para encontrar los productos, colocaciones más ordenadas, atractivas y accesibles, más información de los productos, control de existencias para que no falte producto, etc.

Internet de las cosas (IoT) y *blockchain*

El internet de las cosas consiste en la interconectividad de máquinas y dispositivos que se comunican entre sí: teléfonos móviles, *wearables*, electrodomésticos, coches, contadores de electricidad inteligentes y cámaras de vigilancia, entre otros. Cualquiera puede utilizar el IoT para gestionar un hogar inteligente, pero las empresas pueden recurrir al IoT para la supervisión y el seguimiento remotos de activos, como edificios o vehículos de flota. Pero lo más importante es que favorece una experiencia de cliente sin fisuras, ya que cada punto de contacto físico está conectado digitalmente a través de IoT.

Disney es un ejemplo de esto. El parque temático aprovecha el IoT para eliminar fricciones y redefinir la experiencia de sus clientes en el parque. Integrada en el sitio web My Disney Experience, su pulsera Magic Band almacena la información del cliente y, por tanto, funciona como entrada al parque temático, llave de la habitación y método de pago. La pulsera se comunica continuamente con miles de sensores en atracciones, restaurantes, tiendas y hoteles, a través de tecnología de radiofrecuencia. El personal de Disney puede controlar el movimiento de los clientes, anticiparse a quienes se encuentran en un radio de 12 metros y atenderlos de forma proactiva. Imagina que te saludan personalmente, por tu nombre de pila, sin necesidad de presentarte. Los datos recogidos sobre el movimiento de los clientes son valiosos para diseñar ofertas basadas en la localización o para recomendar las rutas más eficientes hasta las atracciones favoritas de los clientes.

Blockchain también es una forma de tecnología distribuida y funciona como un libro de contabilidad, registrando datos encriptados a través de una red de pares. Cada bloque representa una página del libro de contabilidad que contiene el histórico de transacciones. Una vez se completa un bloque, no puede ser alterado y se pasa al siguiente. La seguridad de *blockchain* permite transacciones entre dos partes sin un banco como intermediario y la utilización de bitcoin o criptomonedas sin necesidad de un banco central.

La naturaleza segura y transparente de la cadena de bloques (*blockchain*) puede cambiar las reglas del juego del marketing. IBM, en colaboración con Unilever, se embarcó en un proyecto de *blockchain* para aumentar la transparencia en la colocación de publicidad digital. La Asociación de Anunciantes Nacionales estima que solo entre 30 y 40 céntimos de cada dólar de los medios digitales llega a los editores, mientras que el resto va a parar a intermediarios, y *blockchain* permite rastrear esta cadena de transacciones, desde anunciantes hasta editores e identificar las ineficiencias.

Una aplicación similar permite verificar si las afirmaciones de marketing (comercio justo o 100 % orgánico) son precisas, pues registra las transacciones de la cadena de suministro. Y otro ámbito de aplicación es la gestión de datos de clientes. Hoy en día, estos datos están dispersos, en múltiples empresas y marcas. Por ejemplo, un cliente puede participar en docenas de programas de fidelización y compartir información personal con muchas partes, pero la naturaleza fragmentada de este sistema dificulta la suma de puntos o de recompensas significativas. Potencialmente, *blockchain* puede integrar múltiples programas de fidelización y, al mismo tiempo, reducir su fricción transaccional.

RESUMEN. LA TECNOLOGÍA DEL FUTURO

La tecnología del futuro, de próxima generación, lleva décadas en desarrollo, pero en estado latente. La próxima década verá su despegue por fin, con todos los cimientos en su sitio: potentes sistemas de computación, *software* de código abierto, Internet de alta velocidad, computación en la nube, dispositivos móviles omnipresentes y *big data*.

En su estado avanzado, la tecnología pretende emular formas altamente contextuales del aprendizaje humano. Desde que nacemos, estamos entrenados para percibir nuestro entorno y comunicarnos con los demás. La experiencia vital enriquece nuestra comprensión cognitiva general del funcionamiento del mundo y se convierte en un elemento fundamental del aprendizaje de las máquinas, preparando el camino para la IA. Los ordenadores son entrenados de la misma manera, con sensores y procesamiento del lenguaje natural; el *big data* proporciona una mejora de la experiencia vital; las máquinas intentan emular la imaginación humana mediante RA y RV y replicar las relaciones sociales humanas mediante IoT y *blockchain*.

Las aplicaciones de la tecnología de próxima generación en marketing son cruciales. La IA permite realizar estudios de mercado en tiempo real, lo que a su vez ofrece una rápida personalización a escala. La naturaleza contextual de esta tecnología también facilita experiencias de cliente adaptables; los vendedores pueden adaptar el contenido, las ofertas y las interacciones a las emociones actuales de los clientes. Y con las capacidades de computación distribuida, la prestación de servicios se realiza en tiempo real y en el punto de demanda.

PREGUNTAS PARA REFLEXIONAR

- ¿Qué nueva tecnología ha adoptado tu organización hoy? ¿Cuáles son algunos de los casos de uso en tu organización?
- ¿Ha pensado en la hoja de ruta tecnológica de tu organización para los próximos cinco años? ¿Cuáles son algunas de las oportunidades y desafíos?

CAPÍTULO 7

LA NUEVA EXPERIENCIA DE CLIENTE

1. ¿Frialdad robótica o calidez humana?

En 2015, el hotel Henn-na en Japón abrió el primer hotel con personal robótico del mundo, reconocido oficialmente como Récord Guinness. Los robots multilingües de la recepción están equipados con reconocimiento facial para ayudar a los huéspedes en el registro y la salida; un brazo mecánico guarda el equipaje en la recepción; el robot conserje ayuda a pedir taxis; el robot carro lleva el equipaje a las habitaciones; y el robot de limpieza se ocupa de limpiar las habitaciones. La mayoría de los servicios incorporan alta tecnología. Por ejemplo, cada habitación está equipada con una cerradura con reconocimiento facial y un armario de vapor para la ropa. Al principio, el uso de robots funcionaba como estrategia para superar la escasez de personal en Japón, con la idea de que un personal mínimo mantuviera el hotel a un coste de mano de obra muy bajo. Pero los robots crearon problemas que frustraron a algunos huéspedes, lo que eventualmente supuso un trabajo extra de atención al cliente y de reclamaciones. Una de las quejas de los huéspedes fue sobre un robot de mesa en la habitación que malinterpretó los ronquidos y despertó repetidamente a los huéspedes mientras dormían. En consecuencia, el hotel redujo la automatización y «despidió» a la mitad de sus robots.

Este caso pone de manifiesto las limitaciones de la automatización total, especialmente en el sector de la hostelería, que se basa en gran medida en interacciones personales y donde puntos de contacto totalmente automatizados pueden no ser la mejor opción. No todas las tareas pueden automatizarse con éxito, ya que las conexiones humanas siguen siendo indispensables. Los robots son un recurso increíble, pero también es cierto que los humanos son seres sociales. Parece que el futuro de la experiencia de cliente (CX) combinará ambas estrategias.

Esta idea se ve respaldada por el hecho de que cada vez más clientes utilizan una combinación de canales *online* y *offline*. Un estudio realizado por McKinsey revela que el 44 % de los clientes de todo el mundo practica *webrooming* (buscar en línea y comprar en la tienda), mientras que el 23 % practica *showrooming* (experimentar en la tienda y comprar en línea). Otra investigación realizada por Transcosmos en diez grandes ciudades asiáticas descubrió que la mayoría de los clientes recurren al *webrooming* y al *showrooming* dependiendo de la categoría de producto. Este viaje híbrido exige un enfoque omnicanal en la relación con el cliente: alta tecnología y alto contacto.

2. Revisar la experiencia de cliente en el mundo digital

La CX no es nada nuevo. El concepto de economía de la experiencia fue postulado por primera vez en 1998 por Pine y Gilmore, quienes argumentaron que los bienes y servicios solían ser el principal vehículo de innovación, pero en la actualidad la frontera que los diferenciaba está muy borrosa y no es posible fijar precios superiores sin una actualización de la estrategia. Una pequeña diferencia en las características del producto puede evitar que los clientes se cambien a un competidor, pero difícilmente puede aumentar su disposición de. Las empresas deben pasar al siguiente paso en la progresión del valor económico: la experiencia. Utilizando el teatro como analogía, una empresa experiencial se compromete con los clientes de forma memorable utilizando los productos como *atrezzo* y los servicios como escenario.

Este concepto ha ganado popularidad con el auge de la digitalización. En primer lugar, la transparencia de Internet ha facilitado a los clientes la comparación de productos y servicios, acelerando la mercantilización, lo que ha forzado a las empresas a rediseñar sus experiencias e ir más allá de las ofertas básicas. Pero lo más importante es que los clientes anhelan una conexión genuina con las marcas, que paradójicamente se ha vuelto escasa en la era conectada. En consecuencia, las empresas se sienten hoy obligadas a interactuar y comprometerse con los clientes a través de Internet y otras tecnologías digitales.

A medida que ciertos productos se han ido convirtiendo en básicos, las empresas han puesto el foco en innovar los puntos de contacto que los rodean. Las formas de interacción con productos son ahora más atractivas que el propio producto, por lo que la clave para despegarse de la competencia ya no es el producto en sí, sino cómo los clientes lo evalúan, lo compran, lo usan y lo recomiendan. La CX se ha convertido en una nueva forma efectiva de crear y ofrecer valor al cliente. De hecho, es uno de los principales impulsores de resultados a nivel financiero, pues un tercio de los clientes conectados están dispuestos a pagar más por una gran experiencia de servicio, según una encuesta de Salesforce. Un estudio de PwC también descubrió que casi tres de cada cuatro clientes aseguran que una gran CX solidificará su fidelidad y que pagarían hasta un 16 % más si el producto viene acompañado por una CX innovadora.

3. Seguimiento de los puntos de contacto: las 5A

Dado que la CX implica aumentar el nivel de innovación en productos y servicios, es esencial ver esta experiencia desde una perspectiva más amplia. No se trata únicamente de la experiencia de compra o del servicio al cliente, sino que comienza mucho antes de la compra y continúa mucho después. Abarca todos los puntos de contacto que los clientes pueden tener con el producto: comunicaciones de la marca, experiencia de venta, interacción con el personal de ventas, uso del producto, servicio de atención al cliente y conversaciones con otros clientes. Las empresas deben orquestar todos estos puntos de contacto para ofrecer una CX sin fisuras que sea significativa y memorable para los clientes.

En *Marketing 4.0*, introdujimos un marco para mapear estos puntos de contacto y crear una CX optimizada. Las 5A de la ruta del cliente describen el viaje que realizan los clientes cuando compran y consumen productos y servicios en el mundo digital (figura 7.1). Es una herramienta flexible que se aplica a todos los sectores. Y cuando se utiliza para describir el comportamiento del cliente, dibuja una imagen que se acerca más al recorrido real de este. No solo sigue siendo relevante hoy en día, sino que también proporciona una base sólida para integrar humanos y máquinas en la experiencia general del cliente.

FIGURA 7.1 El recorrido del cliente: las 5A

Acceso a la marca (*Aware*)
Los clientes acceden a la marca a partir de experiencias, publicidad y recomendaciones.

Atracción (*Appeal*)
Los clientes procesan los mensajes de la marca y se sienten atraídos por ella.

Asesoramiento (*Ask*)
Llevados por la curiosidad, los clientes investigan y buscan información sobre la marca.

Acción (*Act*)
Los clientes informados deciden qué marca comprar o utilizar.

Apoyo o recomendación (*Avocate*)
A lo largo del tiempo, los clientes desarrollan un sentido de la lealtad y lo demuestran recomendando la marca a otras personas.

Las 5A reflejan que muchas decisiones de compra de los clientes que parecen personales son intrínsecamente sociales. Los clientes tienen dificultades para tomar sus propias decisiones a medida que el ritmo de vida se acelera, los contenidos proliferan y la capacidad de atención disminuye. Por ello, recurren a sus consejeros de confianza: amigos y familia. Ahora los clientes se conectan activamente, hacen preguntas sobre las marcas y las recomiendan a otros. Como resultado, la medida de la fidelidad de los clientes ha pasado de una mera retención o de la recompra a la promoción.

En la fase de conocimiento, los clientes quedan expuestos a una larga lista de marcas basada en su experiencia, comunicaciones de marketing e influencia externa. Al conocer varias marcas, los clientes procesan todos los mensajes a los que están expuestos —creando una memoria a corto plazo o amplificando la memoria a largo plazo— y se sienten atraídos únicamente por una lista reducida. Esta es la fase de atracción. Impulsados por su curiosidad, suelen seguir investigando activamente sobre las marcas que les atraen para obtener más información de amigos y familiares, de medios de comunicación o directamente de las marcas. Esta es la fase de solicitud. Si se les convence mediante esta información, los clientes decidirán actuar. Es importante recordar que los deseos de los clientes no se limitan a las acciones de compra, sino que se extienden al consumo y al uso, así como a otros servicios posteriores a la compra. Con el tiempo, los clientes pueden desarrollar sentimientos de lealtad hacia la marca, que se reflejan en datos de retención, recompra y, en última instancia, defensa ante otros. Esta es la etapa de promoción.

El objetivo final de toda empresa es llevar a los clientes desde la concienciación hasta la promoción proporcionándoles excelentes interacciones a lo largo del viaje. Para lograrlo, las empresas deben diseñar cuidadosamente cada punto de contacto y determinar cuándo recurrir a la automatización o al toque humano personal. La automatización suele ser útil cuando los clientes simplemente exigen rapidez y eficiencia, como durante la reserva y el pago, pero también hay tareas que requieren flexibilidad y comprensión contextual, como las interacciones consultivas y de hospitalidad.

4. Humanos y máquinas en la nueva CX

Las funciones de los humanos y las máquinas son igualmente cruciales en una CX híbrida. No solo son eficientes en cosas diferentes, sino que se complementan. La velocidad y la eficiencia de los ordenadores permiten a los humanos una mayor libertad para realizar otras actividades más creativas e imaginativas. La automatización es un trampolín para llevar nuestra creatividad al siguiente nivel. En este sentido, hay que reconocer que la tecnología es el facilitador y el acelerador de la innovación. Sirve al propósito para el que se inventó en primer lugar: como palanca liberadora de recursos humanos.

Antes de profundizar en los aspectos en que sobresalen las máquinas y los humanos, debemos entender la paradoja de Moravec. Hans Moravec observó que es relativamente fácil hacer que los ordenadores rindan bien en pruebas de inteligencia, pero casi imposible reconocer una capacidad de percepción o de movilidad similar a la de un niño de un año. El razonamiento, percibido como una capacidad de alto nivel en los humanos, puede enseñarse fácilmente a los ordenadores, ya que implica toda una vida de aprendizaje consciente; sabemos cómo funciona y podemos entrenar a las máquinas con la misma lógica. Gracias a su alta capacidad de cálculo, aprenderán más rápido que nosotros y utilizarán este conocimiento de forma más fiable. En cambio, el conocimiento sensoriomotor —nuestra percepción y respuesta al entorno— es más difícil de integrar en un ordenador. Aunque parece una habilidad de bajo nivel que se aprende durante la primera infancia, cuando los niños interactúan sin esfuerzo con las personas y el entorno, en realidad consiste en comprender intuitivamente los sentimientos de los demás y en tener empatía. Nadie sabe cómo un niño desarrolla esas capacidades, ya que en su mayoría provienen del aprendizaje inconsciente, construido a lo largo de millones de años de evolución humana. Y nos resulta difícil enseñar lo que no entendemos.

Los científicos de IA han tratado de aplicar una ingeniería inversa al aprendizaje inconsciente aplicando el proceso consciente. Los ordenadores analizan miles de millones de rostros y sus características únicas para reconocer cada uno e incluso predecir la emoción subyacente. Lo mismo ocurre con el estudio de voces e idiomas. Los resultados han sido abrumadores, pero se han necesitado décadas para conseguirlos. En robótica, el éxito ha sido limitado: los robots han logrado replicar el movimiento de nuestro cuerpo como respuesta a estímulos externos, pero no han conseguido reproducir la gracia del cuerpo y del movimiento humano.

Los ordenadores pueden superar fácilmente las capacidades humanas que la mayoría de la gente considera nuestro mayor activo: pensamiento lógico y razonamiento. Por el contrario, lo que parece natural para los seres humanos tarda décadas —y requiere una enorme potencia de procesamiento informático— en ser imitado por las máquinas. Las habilidades que a veces damos por sentadas, como el sentido común y la empatía, nos diferencian de los ordenadores. Esta es la paradoja.

Variaciones en el tratamiento de la información

Un factor clave que distingue entre personas y ordenadores es la capacidad de manejar la información. Existe un orden en la gestión del conocimiento conocido como «jerarquía DIKW» (por sus siglas en inglés) o «jerarquía del conocimiento»: información de datos, conocimiento y sabiduría. Inspirada en parte en la obra *La roca* de T. S. Eliot, cuenta con numerosas versiones de diferentes autores, pero utilizaremos un modelo de seis niveles, donde se añaden al marco el ruido y la sabiduría (figura 7.2).

El dominio de las máquinas está en los datos, la información y el conocimiento. Los ordenadores han llegado a ser extremadamente eficientes en procesamiento de datos desorganizados para convertirlos en información significativa, con velocidades y capacidades casi ilimitadas. La información resultante se añade a una reserva de información relacionada y a otros contextos para desarrollar lo que se llama «conocimiento». Los ordenadores organizan y gestionan este cúmulo de conocimientos en su almacén y pueden recuperarlo siempre que lo necesiten. Y las máquinas son perfectas para este trabajo por su naturaleza cuantitativa y capacidad de procesamiento.

Por otro lado, los elementos más difusos e intuitivos (ruido, intuición y sabiduría) pertenecen al ámbito humano. El ruido es una distorsión o desviación en los datos que puede causar grandes distracciones a la hora de agruparlos en conjuntos estructurados. Un ejemplo de esto son los valores atípicos, que los ordenadores pueden identificar rápidamente como desviaciones significativas de otros conjuntos de datos. Pero un valor atípico puede ser una variabilidad válida o un error. Y la única forma de determinarlo es mediante un juicio subjetivo basado en la comprensión del mundo real. Aquí es donde los humanos —sujetos de negocios en lugar de científicos de datos— deben decidir si mantener o filtrar el valor atípico.

FIGURA 7.2 La jerarquía de la gestión del conocimiento

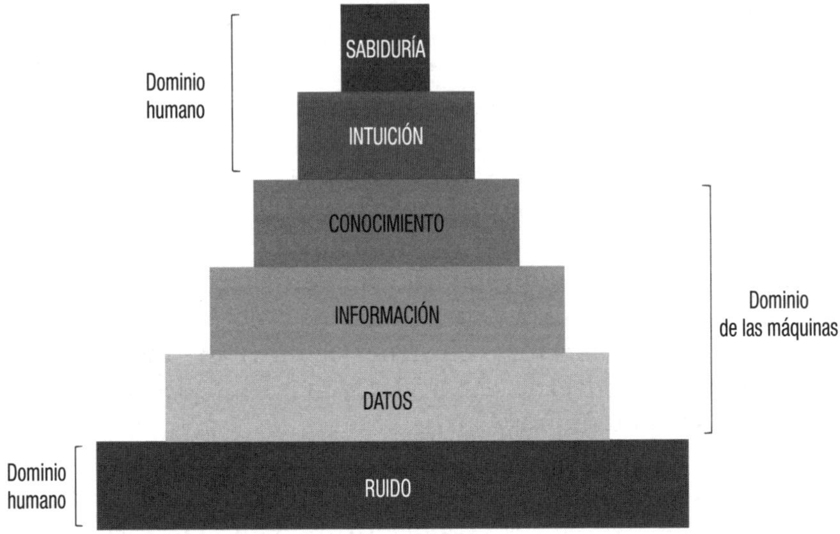

Es vital entender la capacidad humana de filtrar los ruidos, pues, en algunos casos, se halla conocimiento cuando se identifican anomalías, es decir, datos atípicos. Muchos investigadores de mercado o etnógrafos descubren con frecuencia ideas significativas al observar comportamientos poco ortodoxos de sus clientes. También suelen observar a propósito a usuarios que se encuentran en los extremos de la distribución normal para encontrar ideas fuera de las normas. Debido a su rareza, se considera que estas observaciones inusuales no tienen importancia estadística, pues el aspecto cualitativo de la búsqueda de ideas, más allá de los conocimientos establecidos, se adapta mejor a la naturaleza instintiva de los seres humanos.

En la cúspide de la jerarquía está la sabiduría, que es quizá la virtud más difícil de imitar por parte de las máquinas. Nos ayuda a tomar las decisiones correctas con una mezcla de opiniones imparciales, buen juicio y consideraciones éticas. Nadie sabe exactamente cómo desarrollamos la sabiduría a lo largo de nuestra vida, pero sí puede decirse que proviene de un cúmulo de experiencias prácticas —no teóricas—. En otras palabras, aprendemos de las implicaciones positivas y negativas de decisiones pasadas y la sabiduría se agudiza con el tiempo, a diferencia de lo que ocurre en el aprendizaje automático estrecho, que es un proceso amplio que abarca todos los aspectos de la vida humana.

En el ámbito de la investigación de mercado, los ordenadores pueden procesar información y crear modelos de simulación de mercado, pero deberán ser los profesionales humanos quienes utilicen su sabiduría para extraer información procesable y tomar la decisión correcta. A menudo, los humanos tienen que anular decisiones recomendadas por la IA. Ejemplo de ello fue el incidente en una aerolínea que involucró a David Dao, que fue sacado a la fuerza de un vuelo de United Airlines en 2017. Debían salir cuatro pasajeros para dejar sitio a cierto personal de la aerolínea que necesitaba subir al avión con urgencia. Un algoritmo de maximización de ingresos identificó a Dao como uno de los pasajeros que debían ser expulsados debido a su condición de cliente «menos valioso», evaluada en función de su nivel de viajero frecuente y su tipo de tarifa. Un hecho significativo obviado por el ordenador fue que Dao era un médico que necesitaba ver a su paciente al día siguiente. Seguir descuidadamente decisiones automatizadas sin utilizar la empatía a menudo lleva a decisiones equivocadas y la brusquedad de estas situaciones demuestra la importancia del factor humano en la CX.

Pensamiento colaborativo entre humanos y máquinas

Los humanos y las máquinas pueden colaborar tanto en pensamiento convergente como divergente. Se sabe que los ordenadores tienen la capacidad de pensamiento convergente: identificar patrones y agrupaciones en múltiples conjuntos de datos no estructurados que incluyen no solo texto y números, sino imágenes y contenidos audiovisuales. En cambio, a los humanos se les da bien el pensamiento divergente: generar nuevas ideas y explorar muchas soluciones potenciales.

Estas funciones complementarias tienen un enorme potencial, por ejemplo, para mejorar la eficacia de la publicidad. Los ordenadores pueden analizar millones de anuncios y descubrir correlaciones entre las dimensiones creativas básicas (esquemas de color, copia o diseño) y los resultados (nivel de conciencia, atractivo emocional o tasas de conversión de compra). Y se puede hacer para probar una creatividad antes de su colocación o para auditar el rendimiento histórico de los anuncios. Chase, por ejemplo, utiliza la IA de Persado para la redacción de anuncios. En las pruebas creativas, el *software* consiguió superar a los redactores humanos en la obtención de mayores índices de clics. Las palabras elegidas se elaboraron a partir de una enorme base de datos de palabras clasificadas por su atractivo emocional.

Sin embargo, no debe pensarse como una amenaza para los gestores de marcas o las agencias de publicidad creativas. Hasta ahora, las máquinas no pueden sustituir a los humanos en la redacción de informes de las agencias o en la creación de textos publicitarios desde cero, es decir, en la elaboración de un posicionamiento de marca que resuene y que luego se traduzca en un mensaje adecuado. Los ordenadores tampoco son ideales para diseñar una campaña auténtica y novedosa. Sin embargo, la IA puede ayudar a optimizar los anuncios seleccionando mejores palabras, colores y diseño.

El hombre y la máquina en la interfaz de cliente

También convergen máquinas y humanos en la interfaz de cliente y se suele decidir por un canal u otro en función de la clasificación de clientes. Las interacciones con humanos se reservan generalmente para clientes potenciales y valiosos, debido al alto coste del servicio, mientras que las máquinas se emplean para calificar a clientes potenciales y para interactuar con clientes de bajo coste o menos valiosos. La segmentación de servicios permite a las empresas controlar sus costes y, al mismo tiempo, gestionar sus riesgos.

De hecho, el uso de IA con fines interactivos es arriesgado. El ya desaparecido *chatbot* Tay de Microsoft es un ejemplo de ello. A base de responder a tuits abusivos de troles de Internet, Tay aprendió de esos comportamientos y comenzó a publicar mensajes igualmente ofensivos a través de Twitter. El *bot* fue retirado tras solo 16 horas desde su lanzamiento. Google experimentó un problema similar cuando su algoritmo de reconocimiento de imágenes etiquetó a los amigos negros de un usuario como gorilas. La compañía arregló el algoritmo eliminando por completo la palabra «gorilas» de sus etiquetas. La insensibilidad de la IA es una de las mayores amenazas.

Los ordenadores por ahora son adecuados para consultas predecibles y tareas programables, como quioscos de autoservicio y *chatbots* que solucionan transacciones y consultas básicas. Las personas son más flexibles y se mueven en una gama más amplia de temas, por lo que son más adecuadas para desempeñar roles consultivos. Los humanos cuentan con un mayor conocimiento del contexto que les permite adaptarse a circunstancias imprevisibles y a situaciones inusuales de los clientes, más allá de los procedimientos estándar.

La empresa de *software* HubSpot, por ejemplo, utiliza un *chatbot* para captar y alimentar clientes potenciales en su embudo de ventas superior e intermedio. Sin embargo, la empresa asigna un equipo de ventas y de consultas para clientes potenciales cualificados y un equipo de alto contacto para la incorporación. En los procesos de posventa, la empresa vuelve a recurrir al *chatbot* para responder consultas sencillas. Por encima de todo, los humanos son cálidos y amables. Para cualquier tarea que requiera empatía, la conexión entre humanos ofrece mejores soluciones. Muchas empresas, aunque instalen soluciones tecnológicas de gestión de cliente, siguen confiando en las habilidades sociales humanas para la prestación de servicios, como Marriott con M Live, su centro de escucha social. Cuando se identifica una oportunidad perdida en una de las propiedades de Marriott —por ejemplo, una pareja de luna de miel—, el centro de mando avisa al hotel correspondiente para que pueda sorprender a los huéspedes.

Comprender lo que la automatización y el toque humano pueden aportar es el primer paso importante para diseñar una experiencia omni (figura 7.3). Y no se trata de elegir uno u otro. Es esencial desprendernos de la idea de que las máquinas sustituyen a los humanos si no queremos arriesgarnos a perder la oportunidad de optimizar nuestras operaciones. En realidad, humanos y ordenadores deberían coexistir y aprovechar los puntos fuertes de cada uno en cada punto de contacto. Por tanto, el siguiente paso consiste en reimaginar y rediseñar la trayectoria del cliente para aprovechar la potencia de esta colaboración (capítulo 11).

FIGURA 7.3 Combinación de los puntos fuertes de máquinas y humanos

MÁQUINA

Eficiente en el procesamiento de datos, la extracción de información y la gestión del conocimiento.

Eficiente en pensamiento convergente y estructurado, así como para identificar patrones.

Excelente en el uso de pensamiento lógico para seguir algoritmos específicos.

Eficiente en tareas repetitivas y programables con velocidad y a escala.

HUMANO

Capaz de identificar y retirar el ruido, de recurrir a su intuición o perspicacia y de desarrollar una cierta sabiduría.

Eficiente en pensamiento divergente, así como para aportar soluciones creativas.

Excelente en el uso de la empatía para crear conexiones duraderas.

Flexible en tareas que demandan comprensión contextual y razonamiento por sentido común.

5. Tecnología de próxima generación en la nueva CX

Para garantizar una colaboración fluida, los profesionales del marketing de nueva generación deben tener un conocimiento práctico de las tecnologías, especialmente de aquellas que mejoran las actividades de marketing o que lo ponen en práctica (*martech*). Existen siete tecnologías principales en términos de *martech* a lo largo del recorrido del cliente.

Publicidad

La publicidad es un método para comunicar mensajes de marca a un público masivo a través de diversos medios pagados. En un mundo en el que la atención es escasa, la publicidad puede considerarse intrusiva, por lo que es fundamental alcanzar relevancia. Por esta razón, la incorporación tecnológica más común a la publicidad ha sido la segmentación de la audiencia. Las empresas optimizan la eficacia de sus anuncios encontrando el segmento adecuado al que mostrarlos, lo que a la larga mejorará la percepción y la relevancia de los mismos.

La tecnología también ayuda a los profesionales del marketing a crear representaciones precisas de segmentos de audiencia o de personas, mejorando la creación de anuncios. Como en publicidad no puede aplicarse talla única, la IA es capaz de producir rápidamente múltiples creatividades publicitarias con diferentes combinaciones de textos y elementos visuales, también conocidas como «creatividades dinámicas», esenciales para la personalización.

En este sentido, la personalización no se limita únicamente a mensajes publicitarios, sino que se aplica a la colocación en medios, permitiendo que los anuncios aparezcan en el momento adecuado en el medio adecuado de forma automática. Por ejemplo, un anuncio de coches puede aparecer en la pantalla de un usuario que está investigando el próximo coche que va a comprar en un sitio de reseñas. Como los mensajes publicitarios están alineados con sus áreas de interés actuales, los anuncios suelen tener un mayor índice de respuesta (capítulo 10).

Por último, otra aplicación tecnológica importante en publicidad es la compra programática de medios. Una plataforma programática permite a los anunciantes automatizar la compra y la gestión de espacio en medios de pago en forma de compras consolidadas y ofertas automatizadas, por lo que se optimiza también el gasto en medios.

Marketing de contenidos

El marketing de contenidos se ha puesto de moda en los últimos años, promocionado como una sutil alternativa a la publicidad en la era de la economía digital, ya que el contenido se considera menos intrusivo que los anuncios. Utiliza una mezcla de entretenimiento, educación e inspiración para atraer la atención sin necesidad de vender. Un principio fundamental en el marketing de contenidos es definir claramente un grupo de audiencia para que los profesionales del marketing puedan diseñar contenidos que resulten interesantes, relevantes y útiles. Por lo tanto, la segmentación de la audiencia es aún más crucial para el marketing de contenidos.

Los procesos de análisis son útiles para seguir y estudiar las necesidades e intereses de la audiencia. Permiten a los responsables de marketing de contenidos generar y conservar artículos, vídeos, infografías y otros contenidos que la audiencia tiene más probabilidades de consumir.

La IA también permite automatizar este laborioso proceso. Mediante un análisis predictivo, los responsables de marketing de contenidos pueden incluso prever los recorridos de los clientes en su sitio web y, en lugar de mostrar contenido estático basado en un flujo predeterminado, pueden ofrecer contenido dinámico: cada visitante del sitio web verá un contenido diferente en función de sus comportamientos y preferencias anteriores. Esto permite a los profesionales acompañar a los clientes en su camino hacia la compra, lo que facilita un aumento considerable de la tasa de conversión de visitantes web a clientes potenciales o compradores. Amazon y Netflix ofrecen páginas personalizadas que acercan a los usuarios a contenidos que les resultarán interesantes.

Marketing directo

El marketing directo es una táctica más específica para vender productos y servicios. A diferencia de la publicidad en medios de comunicación, el marketing directo consiste en la distribución individualizada de ofertas de venta mediante intermediarios, normalmente a través del correo postal o electrónico. En la mayoría de los casos, los clientes potenciales se suscriben a un canal de marketing directo con la esperanza de recibir ofertas promocionales y las últimas actualizaciones, lo que se conoce como «marketing de permiso».

Un mensaje de marketing directo debe ser personal para que no se perciba como *spam*. Por ello, el texto del mensaje debe adaptarse a cada persona concreta con la ayuda de IA. Pero quizás la aplicación más importante para el marketing directo es el sistema de recomendación de productos, un elemento básico del comercio electrónico. Con este motor, los profesionales del marketing pueden predecir los productos que los clientes comprarían con mayor probabilidad basándose en sus historiales y generar ofertas en consecuencia.

Dado que la personalización de las ofertas es vital, y el volumen puede ser masivo, es necesario un flujo de trabajo automatizado en marketing directo.

Puesto que las ofertas cuentan con una llamada a la acción específica, el éxito de la campaña puede predecirse y medirse analizando las tasas de conversión. Por ello, el uso de la tecnología también puede ser beneficioso para la previsión y el análisis de las campañas. Un seguimiento constante de las respuestas permitirá que los algoritmos mejoren con el tiempo.

CRM de ventas

En los departamentos de ventas, la tecnología de automatización puede suponer un importante ahorro de costes y un disparador de escalabilidad. Algunas partes del proceso de gestión de clientes potenciales, especialmente en la parte superior del embudo, pueden delegarse en *chatbots*, gracias a los cuales la captación de clientes potenciales se realiza de forma conversacional, utilizando formatos menos formales. La naturaleza programable de la calificación de clientes potenciales también la vuelve ideal para que los *chatbots* se hagan cargo de este proceso. Algunos *bots* avanzados pueden automatizar el proceso de nutrición de clientes potenciales —embudo de ventas medio— respondiendo a consultas de clientes potenciales y proporcionando información contextualmente relevante de forma inteligente.

La tecnología de marketing también ha alcanzado el ámbito de la gestión de cuentas. En los sectores verticales, los vendedores dedican gran cantidad de tiempo a actividades no relacionadas con la venta o tareas administrativas. Con el CRM de ventas, la información de las cuentas, incluidos los historiales de contacto y las oportunidades de venta, se organiza automáticamente, lo que permite poner el foco en las actividades de venta reales. Los datos masivos recopilados a lo largo del proceso de gestión de clientes potenciales equipan a la fuerza de ventas humana con la información adecuada para hacer avanzar los acuerdos.

La previsión también es problemática para muchas empresas, ya que la mayoría de los vendedores se basan en la intuición para evaluar cada oportunidad de venta. El problema es que cada uno tiene una calidad de intuición diferente, lo que hace que la previsión general sea errónea. Un análisis predictivo permite al equipo de ventas hacer previsiones más precisas y priorizar las oportunidades de venta.

Canal de distribución

La tecnología del futuro también tiene aplicaciones de mejora para el canal de distribución. La más popular, sobre todo a raíz de la pandemia, han sido las interacciones de primera línea sin contacto en los comercios. Además de reducir los costes, las interfaces de autoservicio y los robots de primera línea favorecen las interacciones sencillas, como transacciones bancarias, toma de pedidos de comida y facturación en aeropuertos. La pandemia también ha impulsado el despegue del reparto con drones. En China, JD.com se convirtió en la primera en entregar mercancías con drones en zonas remotas durante el cierre.

La tecnología avanzada también puede garantizar una experiencia de cliente sin fricciones, por ejemplo, a través de sensores en negocios minoristas.

Amazon, que sigue ampliando su presencia en tiendas físicas, ha probado sistemas de pago biométricos en varios establecimientos de Whole Foods. En China, los clientes pueden pagar posando ante cajeros equipados con un dispositivo de reconocimiento facial vinculado a Alipay o a WeChat Pay. También se ha popularizado el uso del IoT: en tiendas inteligentes equipadas con sensores, se analiza el movimiento de los visitantes y, por tanto, se puede trazar fácilmente el recorrido real del cliente. De este modo, los minoristas pueden ajustar la distribución de las tiendas para mejorar la experiencia y determinar con exactitud dónde se encuentra cada cliente en cada momento, lo que permite un marketing preciso basado en la ubicación en cada pasillo y estante.

Combinando las opciones tecnológicas del futuro, se pueden ofrecer experiencias virtuales previas a la compra. La realidad aumentada (RA) y la búsqueda por voz, por ejemplo, se han utilizado para destacar las características de los productos y orientarse en Sam's Club. La realidad virtual (RV), por su parte, permite a los clientes navegar por las tiendas sin tener que ir a ellas. Prada, por ejemplo, fue la primera marca de lujo que utilizó RV para sustituir la experiencia en tienda durante la pandemia.

Producto y servicio

La tecnología de marketing no solo es valiosa para mejorar las interacciones con los clientes, sino también para mejorar los productos y servicios principales. La tendencia a comprar en línea y a la personalización ha dado lugar a estrategias masivas de cocreación y personalización: todos quieren productos a medida, con las iniciales, opciones de color y tallas ajustadas a las medidas corporales. Empresas como Gillette, Levi's o Mercedes-Benz están ampliando su gama de productos ofreciendo opciones de personalización.

Los precios dinámicos deben estar a la altura de estas posibilidades, sobre todo en el sector servicios. Por ejemplo, las compañías de seguros ofrecen la opción de seleccionar la cobertura que se adapte a las necesidades individuales del cliente, lo que se reflejará en el precio final; las aerolíneas pueden determinar el precio en función de múltiples variables, no solo de la información general, como nivel de demanda o competencia en las rutas, sino también del valor de cada viajero.

La tecnología también permite un modelo de negocio XaaS o «todo como servicio» para compras que antes eran muy costosas, como *software* empresarial o un coche. El análisis predictivo también puede ser útil para el desarrollo de productos. Las empresas pueden evaluar el riesgo de los planes actuales y estimar la aceptación del mercado. Por ejemplo, PepsiCo utilizó el análisis proporcionado por Black Swan acerca de tendencias en las conversaciones sobre bebidas para predecir qué productos tenían más probabilidades de éxito (capítulo 9).

CRM de servicios

El uso de *chatbots* es popular no solo para gestionar el embudo de ventas, sino también para responder a consultas de servicio. Con un chatbot, una empresa proporciona acceso al servicio de atención al cliente 24 horas al día, 7 días a la semana, y ofrece resoluciones

FIGURA 7.4 Aplicaciones de la tecnología de marketing en la nueva CX

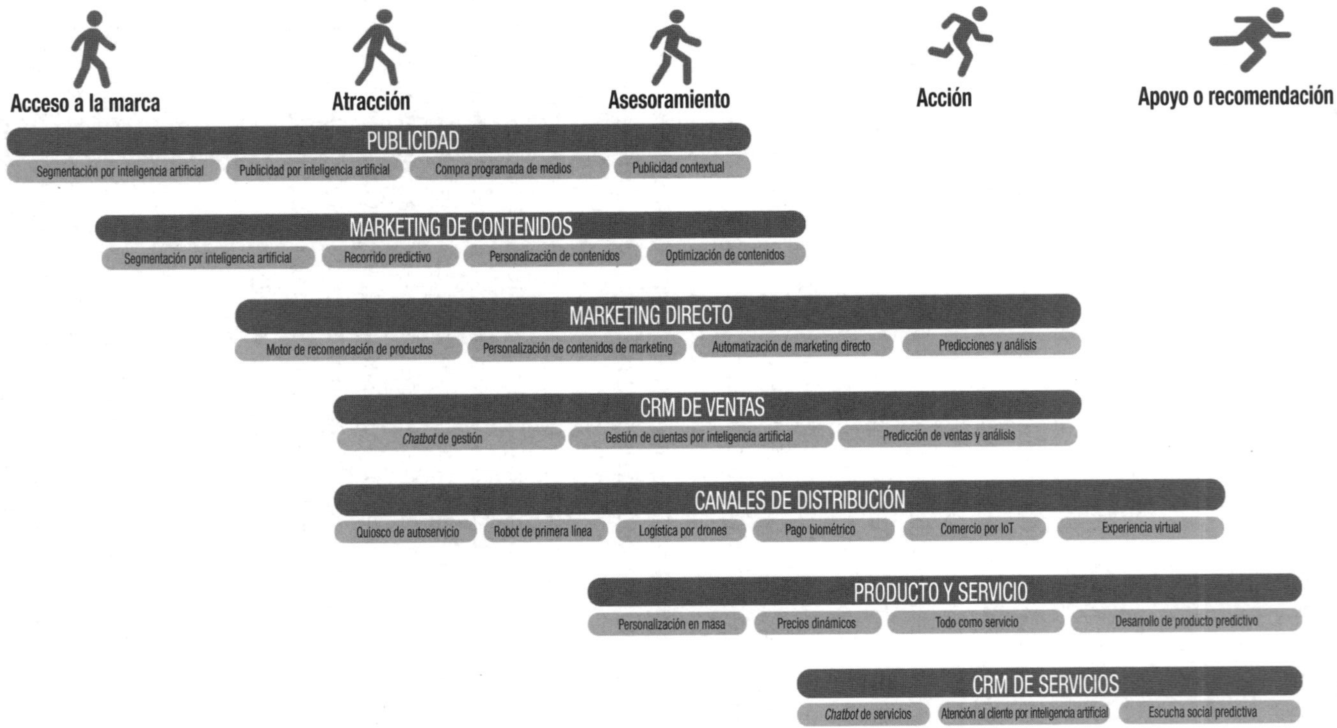

comunes al instante, lo cual es crucial en el mundo digital. Además, la empresa puede garantizar una mayor coherencia e integración en múltiples canales, como sitios *web*, redes sociales y aplicaciones móviles. Pero lo más importante es que el *chatbot* reduce la carga de trabajo de los representantes de atención al cliente, gestionando tareas sencillas. Para consultas más complejas, el *chatbot* transfiere el problema a los agentes de atención al cliente, por lo que es esencial la integración de interacciones anteriores y otra información relevante con la base de datos del CRM para mejorar el rendimiento de los agentes, que podrán entonces determinar las mejores soluciones para los problemas de los clientes.

La detección de bajas es otro uso muy importante. Aunque las empresas ya han implementado escucha social para seguir y medir los sentimientos de los clientes en línea, pero, con un motor de análisis predictivo integrado en la plataforma de escucha social, también pueden predecir la probabilidad de pérdida de clientes y prevenirla.

No cabe duda de que las empresas deben aprovechar al máximo las aplicaciones tecnológicas de marketing. Sin embargo, la verdadera cuestión es cómo elegir cuáles implementar, ya que no todas encajan en todas las estrategias corporativas.

El siguiente reto es integrar varios usos en una CX sin fisuras ni fricciones (figura 7.4). Una cosa es segura: los profesionales ya pueden dejar la parte científica del marketing a las máquinas para centrarse en el arte.

RESUMEN. LA NUEVA EXPERIENCIA DEL CLIENTE

La experiencia de cliente abre la puerta a mercados muy disputados. Las experiencias interactivas y de inmersión que solían estar en la periferia son ahora más importantes que los productos y servicios principales. Para crear una experiencia de cliente convincente y superior en todos los puntos de contacto, desde la concienciación hasta la promoción, es imprescindible aprovechar las tecnologías avanzadas.

En marketing, las aplicaciones tecnológicas del futuro se extienden por siete puntos de contacto diferentes: publicidad, marketing de contenidos, marketing directo, ventas, canal, oferta y servicio. Y la tecnología es útil sobre todo para analizar datos y descubrir elementos específicos sobre mercados objetivo. Encontrar la configuración óptima, por ejemplo, en la compra de medios y la fijación de precios, es otra área en la que la tecnología de marketing ha demostrado su eficacia. El poder predictivo de la IA es valioso en materia de previsión de ventas, recomendación de productos y detección de posibles bajas, así como a la hora de personalizar productos y servicios a escala y a gran velocidad.

Pero no hay que olvidar el rol del toque humano, que contrarresta la velocidad y la eficiencia proporcionadas por la tecnología con sabiduría, flexibilidad y empatía. El acceso sin precedentes a la información y el ahorro de tiempo que supone la automatización permiten a los profesionales del marketing centrarse en su creatividad. Mientras que las máquinas son más fiables para el flujo de trabajo programable, las personas, con su intuición y sentido común, son mucho más flexibles. Pero lo más importante es que los humanos son realmente insustituibles cuando se trata de crear conexiones sinceras.

PREGUNTAS PARA REFLEXIONAR

- Mapea el recorrido del cliente en tu organización. ¿Cuáles son los puntos de contacto más críticos según tu experiencia?
- ¿Qué mejoras puede aportar la tecnología a los puntos de contacto más críticos? ¿Cómo planeas implementarlos?

PARTE IV

NUEVAS TÁCTICAS DEL MARKETING TECNOLÓGICO

CAPÍTULO 8

MARKETING BASADO EN DATOS

1. Construir ecosistemas de datos para optimizar la estrategia

En 2012, se popularizó un artículo de Charles Duhigg en *The New York Times* sobre una predicción del embarazo de una adolescente desde Target. El padre de la adolescente se enfadó al enterarse de que su hija había estado recibiendo cupones promocionales del minorista de artículos para bebés y pensó que la publicidad de Target estaba mal dirigida, intentando animarla a quedarse embarazada. Pero, tras hablar con su hija, se enteró de que efectivamente estaba embarazada. Un año antes del suceso, Target había creado un algoritmo para predecir la probabilidad de que una compradora estuviera embarazada en función de los artículos que compraba. Se asignaba una identificación única a cada compradora y se conectaba con información demográfica y su historial de compras. Un análisis por *big data* había revelado un patrón de consumo específico a mujeres embarazadas que podía utilizarse para predecir las compras futuras de compradores que encajaran en este patrón. La empresa había intentado incluso predecir la fecha del parto basándose en el momento de las compras. Es decir, un cúmulo de esfuerzos para determinar quién recibe qué cupones por correo y cuándo.

Esta historia es un excelente ejemplo de cómo las empresas aprovechan ecosistemas de datos para tomar decisiones más informadas. El marketing orientado a los datos es el primer paso para implantar el marketing 5.0. Al contar con un motor de análisis, las marcas pueden predecir la propensión de compra de sus clientes potenciales basándose en compras anteriores. De este modo, pueden enviar ofertas personalizadas y realizar campañas a medida. Y la infraestructura digital actual permite desarrollar esta estrategia no solo en función de segmentos de mercado, sino con clientes individuales, uno por uno.

Desde hace más de 20 años, los profesionales sueñan con tener la capacidad de crear un marketing verdaderamente personalizado, una práctica muy codiciada y defendida principalmente por Don Peppers y Martha Rogers. El marketing uno a uno se considera el método de segmentación definitivo, y ahora es posible gracias a la implantación de tecnologías digitales en el sector.

2. Marketing uno a uno

El mercado es heterogéneo y cada cliente es único. Por eso, el marketing siempre empieza con la segmentación y la focalización. Una vez se comprende el mercado, las empresas pueden diseñar estrategias y tácticas para enfrentarse a él. Cuanto más precisa y micro sea la segmentación, mejor será el enfoque de marketing, pero más difícil será la ejecución. De hecho, el mismo modelo de segmentación ha evolucionado desde que se conceptualizó en la década de 1950. Existen cuatro métodos para llevar a cabo una segmentación de mercado: geográfico, demográfico, psicográfico y conductual.

Cuatro métodos de segmentación

Los profesionales del marketing siempre empiezan por la segmentación geográfica, que consiste en dividir el mercado por países, regiones, ciudades y localidades. Cuando se dan cuenta de que los segmentos geográficos son demasiado amplios, añaden variables demográficas: edad, sexo, ocupación y clase socioeconómica. Algunos ejemplos de segmentos con variables geográfico-demográficas son: «mujeres jóvenes de clase media que viven en Illinois» o «*baby boomers* neoyorquinos acomodados». Estos métodos de segmentación son descendentes, muy fáciles de entender y, lo que es más importante, procesables; las empresas saben exactamente dónde encontrar y cómo identificar estos segmentos. Pero también son menos significativos, ya que personas con el mismo perfil demográfico que viven en la misma localidad pueden tener preferencias de compra y comportamientos diferentes. Además, son relativamente estáticos, lo que significa que un cliente solo puede clasificarse en un segmento en todos los productos, cuando lo cierto es que el recorrido del cliente difiere según la categoría y el ciclo de vida.

A medida que la investigación de mercado ganaba popularidad, los profesionales del marketing utilizaron enfoques más ascendentes; en lugar de desglosar el mercado, comenzaron a agrupar a clientes con preferencias y comportamientos similares en grupos según sus respuestas a las preguntas de la encuesta. A pesar de ser ascendente, la agrupación era exhaustiva, lo que significa que todos los clientes de la población entraban en un segmento. Los métodos más conocidos son la segmentación psicográfica y la segmentación por comportamiento.

En la segmentación psicográfica, los clientes se agrupan en función de sus creencias y valores personales, así como de sus intereses y motivaciones. Los nombres de los segmentos resultantes suelen ser autoexplicativos, como «escalador social» o «experimentador». Un segmento psicográfico también demuestra actitudes hacia una característica específica del producto o servicio, por ejemplo, «orientado a la calidad» o «consciente de los costes». La segmentación psicográfica proporciona una buena aproximación al comportamiento de compra, puesto que los valores y actitudes de una persona son los que motivan sus decisiones de compra.

Un método aún más preciso es la segmentación conductual, que agrupa a los clientes en función de su comportamiento pasado. Estos segmentos pueden incluir nombres que reflejen la frecuencia y el importe de las compras, como «viajero frecuente» o «persona que gasta más». También pueden mostrar la fidelidad del cliente y la profundidad de la interacción con nombres como «fanático fiel», «cambiador de marca» o «comprador por primera vez».

Estas técnicas son muy significativas, ya que los segmentos reflejan con precisión grupos de clientes con necesidades diferentes, por lo que los responsables de marketing pueden adaptar sus estrategias a cada grupo. Sin embargo, la segmentación psicográfica y conductual son menos procesables. Los segmentos con nombres como «adicto a la aventura» o «cazador de gangas» solo son útiles para diseñar creatividades publicitarias o estrategias de marketing de atracción, pero son complejos y difíciles de identificar en estrategias de empuje.

Para que funcione, la segmentación debe ser descendente y ascendente, es decir, significativa y procesable, combinando las cuatro variables: geográfica, demográfica, psicográfica y conductual. Con la segmentación psicográfica y conductual, los responsables de marketing pueden agrupar a clientes en grupos significativos y, a continuación, añadir el perfil geográfico y demográfico a cada segmento para que sea procesable.

Desarrollar un perfil de persona

El perfil ficticio resultante de un segmento de clientes con estas cuatro variables se denomina «persona». Un ejemplo sería: «John es un director de marketing digital de 40 años que tiene 15 años de experiencia y que actualmente trabaja para una importante empresa de productos de consumo envasados. Es responsable del diseño, desarrollo y ejecución de campañas de marketing en medios digitales y depende del director de marketing. El director mide el rendimiento de John a partir del conocimiento general de la marca y de los índices de conversación en línea en canales de comercio electrónico. Además de tratar de mejorar el rendimiento en función de las métricas, John también es muy consciente de los costes y cree que el gasto en marketing digital debe ser lo más eficiente posible. Para gestionarlo todo, John trabaja con su personal y también con agencias de marketing digital. Tiene un equipo de cinco personas a su cargo, cada una de las cuales se encarga de diferentes canales de comunicación. También trabaja con una agencia de SEO que le ayuda a gestionar el sitio web y con una agencia de redes sociales que le ayuda con el marketing de contenidos».

FIGURA 8.1 Perfiles de clientes por segmentos

En el ejemplo vemos un personaje que puede ser útil para una agencia de marketing digital o una empresa de *software* de automatización de marketing digital que quiera captar nuevos clientes. Establece un perfil ficticio de cliente potencial, poniendo el foco en sus prioridades. Estos personajes pueden ser útiles para diseñar la estrategia de marketing adecuada.

Segmentar y perfilar a los clientes ha sido siempre un elemento básico del marketing, pero el auge del *big data* abre nuevas posibilidades de recogida de datos de mercado y de microsegmentación (figura 8.1). Las bases de datos de clientes y los estudios de mercado ya no son las únicas fuentes de información. Los datos de medios de comunicación, los datos sociales, los datos web, los datos de puntos de venta (TPV), los datos del internet de las cosas (IoT) y los datos de compromiso pueden enriquecer los perfiles de los clientes. El reto para las empresas es crear un ecosistema de datos que los integre todos.

Una vez establecido el ecosistema de datos, los profesionales del marketing pueden mejorar sus prácticas de segmentación de marketing de dos maneras:

- El *big data* permite a los profesionales del marketing segmentar el mercado desde su unidad más granular: el cliente individual. Los profesionales del marketing pueden crear una persona real para cada cliente y, a partir de ahí, adaptar la estrategia de marketing al individuo o por segmentos, adaptando ofertas y campañas a cada cliente. Gracias a la enorme potencia de cálculo, no hay límite de detalles por persona y de número de clientes que se pueden perfilar.
- La segmentación se vuelve más dinámica con el *big data*, lo que permite a los responsables de marketing cambiar de estrategia sobre la marcha. Las empresas pueden seguir el movimiento de un cliente de un segmento a otro en tiempo real y en función de los diferentes contextos. Un viajero de avión, por ejemplo, puede preferir los asientos de clase *business* para un viaje de negocios, pero elegir la clase económica para su viaje de ocio. También es posible saber si una intervención de marketing ha conseguido convertir a un cliente migrante en un cliente fiel.

Es importante señalar que, a pesar de estas mejoras, la segmentación tradicional sigue siendo beneficiosa, pues facilita la comprensión del mercado. Poner una etiqueta descriptiva a un grupo de clientes ayuda a los profesionales del marketing a entender el mercado, aunque los segmentos deben limitarse, porque la capacidad de cálculo humana no es tan potente como la de un ordenador. Sin embargo, una segmentación fácil de entender sí que es útil para movilizar a las personas de la organización hacia una visión global de marca.

Un ejemplo que destacar de las nuevas posibilidades que ofrece el *big data y* la segmentación es su aplicación en el campo de la publicidad y en el consumo de contenidos. La revolución tecnológica también ha impactado tanto en la planificación y compra de medios, donde progresivamente se habla menos de «compra de medios» y más de «compra de audiencias» asistida por los datos, como en su consumo, cada vez más fragmentado. Por eso, los anunciantes se encuentran con el difícil reto de alcanzar altas coberturas. El consumo audiovisual ya no es territorio exclusivo de las televisiones lineales, sino que ahora resulta agnóstico respecto al dispositivo, y gran parte se consume a demanda, sin obedecer a horarios establecidos por el *broadcaster*.

A la dispersión en el consumo también se suma la saturación de algunos sectores, como el de las telecomunicaciones. En este sentido, el Grupo MÁSMÓVIL innovó, siendo en España uno de los primeros anunciantes que, a través de sus dos principales marcas (Yoigo y MÁSMÓVIL), consiguió tener una nueva metodología para acceder a audiencias incrementales. Esto lo consiguió adaptando su plan de medios a las nuevas formas de consumo audiovisual, primando el contenido y no el continente y optimizando su planificación de medios para llevar el impacto publicitario allí donde estaba la audiencia, siendo independiente del dispositivo (TV conectada, *apps,* móviles o *tablets*), construyendo así una cobertura de manera más eficiente y de un modo transmedia.

Este nuevo paradigma audiovisual que prima la audiencia y no el medio o soporte se llama *Advance TV,* un concepto que incluye distintas tecnologías que, en conjunto, suponen la digitalización de la televisión tradicional a través de la *smart TV* y del entorno digital. Estas soluciones implican la concepción de la televisión como un dispositivo más, como si fuese un *smartphone,* una *tablet* o una videoconsola.

El Grupo MÁSMÓVIL, que se ha convertido en una de las primeras empresas españolas en trabajar la *Advance* TV, apostó por esta herramienta, como anunciante en este caso, para optimizar el alcance de sus campañas utilizando distintas soluciones dentro de su entorno, como el *preroll in App* (emplazamiento del *spot* en las *apps* de las cadenas de televisión), el *display on portal* (acuerdos con fabricantes de *smart TV* para exhibir el anuncio en las interfaces de los dispositivos) o el *crossdevice* y el HBBTV.

El *crossdevice* es una solución tecnológica basada en datos que permite emplear la información recogida de la televisión lineal para planificar una campaña de vídeo *online* con el objetivo de aumentar la cobertura. Es decir, es capaz de detectar qué usuarios han sido expuestos a una determinada campaña en televisión lineal, negativizarlos y buscar en el entorno digital únicamente a quienes no han visto el *spot* en dicha campaña. De este modo, el impacto es más eficiente en cuanto que garantiza que se está llegando a un espectador nuevo aportando significativos datos de cobertura incremental.

Por su parte, el uso de HBBTV a través de un *adserver* posibilita servir un anuncio dentro de la televisión lineal con forma de L en las *smart TV* conectadas, lo que permite, gracias a los datos, segmentar audiencias de una manera que las televisiones lineales nunca habrían conseguido hacer. Al nutrir esta solución con datos (lo que se conoce como *addressable TV*), se logra identificar e influir en usuarios que nunca habían visto el *spot* o que no lo habían visto suficientes veces, dándole al anunciante el control sobre las frecuencias.

Gracias al uso de *big data* y de las soluciones tecnológicas, esta compañía de telecomunicaciones es capaz de construir mayor cobertura en sus campañas, localizando e influyendo directamente en sus audiencias objetivo, buscándolas en sus propios entornos de consumo o incluso secuenciando sus mensajes. Estas soluciones están avanzando rápidamente y se están volviendo cada vez más sofisticadas.

3. Configurar el marketing basado en datos

Las mejores estrategias de marketing provienen de un conocimiento exhaustivo del mercado. A lo largo de las últimas décadas, los profesionales del marketing han perfeccionado los estudios de mercado para descubrir información que sus competidores no tienen, por lo que una combinación de investigación cualitativa y encuestas cuantitativas es esencial para todo comercializador antes de comenzar cualquier ciclo de planificación de marketing.

En la última década, los profesionales del marketing se han obsesionado con la creación de una sólida base de datos que facilite la gestión de la relación con el cliente (CRM). La disponibilidad de *big data* ha propiciado el auge del marketing basado en datos y estos profesionales creen que, bajo el enorme volumen de datos, se esconden conocimientos en tiempo real que permiten un impulso nunca antes visto. Entonces, empezaron a preguntarse cómo fusionar dos conjuntos de información aislados (investigación de mercado y análisis) en una plataforma de gestión de datos unificada. A pesar de lo prometedor de este modelo, no son muchas las empresas que han optimizado el marketing basado en datos. La mayoría acaban realizando enormes inversiones en tecnología sin aprovechar todas las ventajas del ecosistema de datos. El fracaso en esta práctica se debe a tres factores principales:

- Las empresas suelen tratar el marketing basado en datos como un proyecto informático. Cuando se embarcan en el viaje, se centran demasiado en la selección de las herramientas de *software*, la inversión en infraestructura y la contratación de científicos de datos, en vez de gestionarlo como un proyecto de marketing. La infraestructura de TI debe seguir la estrategia de marketing, no al revés. No es que los de marketing patrocinen el proyecto, sino que definen y diseñan todo el proceso. Como muchos investigadores de mercado afirman, mayor volumen de datos no siempre implica mejores conocimientos. La clave está en saber qué buscar en los océanos de información, teniendo claros los objetivos de marketing.
- El *big data* se considera a menudo la bala de plata que desvela todos los conocimientos de los clientes y resuelve todos los problemas de marketing. Sin embargo, los macrodatos no sustituyen a los métodos tradicionales de investigación de mercado, sobre todo a los más directos, como etnografía, pruebas de usabilidad o pruebas de sabor. De hecho, el *big data* y la investigación de mercado deben complementarse y sostenerse mutuamente, porque el marketing basado en datos necesita de ambos. La investigación de mercado se lleva a cabo en ciclos regulares, buscando objetivos específicos y precisos, mientras que el *big data* se recoge y analiza en tiempo real para mejorar el marketing sobre la marcha.
- El análisis de *big data* promete tanta automatización que las empresas piensan que, una vez configurado, puede dejarse en piloto automático. La verdadera expectativa es verter grandes conjuntos de datos en la caja negra llamada «algoritmo» y obtener respuestas instantáneas a las preguntas, pero sin dejar de ser prácticos: aunque una máquina puede detectar patrones de datos que ningún humano puede, siempre se necesita un comercializador con experiencia y conocimiento contextual para filtrarlos e interpretarlos. Y, lo que es más importante, se siguen requiriendo nuevas ofertas y campañas, aunque sea con la ayuda de ordenadores.

Paso 1. Definir los objetivos del marketing basado en datos

Parece una obviedad comenzar cualquier proyecto con objetivos claros. Pero, con demasiada frecuencia, un proyecto de marketing basado en datos considera los objetivos como una idea para el futuro. Además, la mayoría de los proyectos de datos se vuelven demasiado ambiciosos porque los profesionales quieren lograrlo todo de una vez. Como resultado, los proyectos se vuelven demasiado complicados, los resultados probados se vuelven difíciles de alcanzar y las empresas acaban abandonando.

Las aplicaciones del marketing basado en datos son realmente abundantes y de amplio alcance. Con el *big data*, los profesionales del marketing pueden descubrir nuevas ideas de productos y servicios y estimar la demanda del mercado, así como crearlos a medida y personalizar la experiencia de cliente. Calcular el precio correcto y establecer un modelo de precios dinámico también requiere un enfoque basado en datos.

Además de ayudar a profesionales del marketing a definir qué ofrecer, el *big data* también es útil para determinar la forma de hacerlo. Se utiliza *big data* en las comunicaciones de marketing para segmentar la audiencia, crear contenidos y seleccionar los medios adecuados, y es valioso para un marketing de empuje basado en selección de canales y generación de clientes potenciales. También es habitual utilizarlo para el servicio posventa y la retención de clientes, pues facilita la predicción de pérdida de clientes e identifica medidas de recuperación.

A pesar de la abundancia de casos, es fundamental limitar el enfoque a uno o dos objetivos cuando se emprende un esfuerzo de marketing basado en datos. Por naturaleza, las personas desconfían de aquello que no entienden, y los tecnicismos de este tipo de marketing pueden resultar desconocidos e intimidantes para los miembros de la organización.

Los objetivos concretos son más fáciles de comunicar y, por tanto, ayudan a movilizar a la gente de la organización, especialmente a los escépticos, a alinear distintas unidades, a atraer su compromiso y a garantizar la responsabilidad. Los objetivos focalizados también obligan a los responsables de marketing a pensar en la palanca de rendimiento más eficaz y a priorizar su esfuerzo. Cuando eligen un objetivo de gran impacto, las empresas pueden obtener ganancias rápidas y significativas y, por tanto, desembocar en la aceptación de todos. Al establecer objetivos claros, la iniciativa de marketing basada en datos se convierte en una iniciativa medible y responsable (figura 8.2). La información generada por el análisis de datos también será más procesable y conducirá a esfuerzos específicos de mejora del marketing.

FIGURA 8.2 Ejemplos de objetivos de marketing basados en datos

QUÉ OFRECER	CÓMO OFRECERLO
• Descubrir nuevas ideas de producto o de servicio • Estimar la demanda de mercado para productos y servicios • Recomendar la siguiente compra • Crear productos y servicios personalizables • Personalizar la experiencia de cliente • Determinar el precio adecuado para nuevos productos • Establecer una política de precios dinámica	• Identificar y localizar la demanda adecuada • Determinar el mensaje y el contenido de marketing adecuados • Seleccionar los medios adecuados para las comunicaciones • Seleccionar los canales adecuados para el mercado • Realizar un perfil del cliente que identifique su generación y su impulso • Diseñar los niveles de servicio al cliente • Identificar potenciales quejas y frustraciones de los clientes

Paso 2. Identificar los requisitos y la disponibilidad de los datos

En la era digital, el volumen de datos crece exponencialmente, no solo en nivel de detalle, sino en la variedad misma de los datos. Sin embargo, no todos son valiosos y relevantes. Una vez que las empresas se centran en objetivos, deben empezar a identificar los datos adecuados para recopilar y analizar. No hay una forma correcta de clasificar *big data*, pero una forma práctica es clasificar en función de la fuente:

- Datos sociales: toda la información que comparten los usuarios de las redes sociales, como la ubicación, el perfil demográfico y los intereses.

- Datos de medios de comunicación: medición de la audiencia de medios tradicionales, como la televisión, la radio, la prensa y el cine.
- Datos de tráfico web: registros generados por los usuarios que navegan por la web, como páginas vistas, búsquedas y compras.
- Datos de los puntos de venta y de transacciones: registros de las transacciones realizadas por los clientes, como la ubicación, el importe, la información de la tarjeta de crédito, las compras, el horario y, a veces, la identificación del cliente.
- Datos del IoT: información recogida por los dispositivos y sensores conectados, como ubicación, temperatura, humedad, proximidad de otros dispositivos y constantes vitales.
- Datos de compromiso: puntos de contacto directo de las empresas con los clientes, como datos del centro de llamadas o del chat, intercambio de correos electrónicos...

Los responsables de marketing deben elaborar un plan de recopilación de datos que identifique todos aquellos que deban adquirirse para alcanzar un objetivo predeterminado. Una matriz de datos es una herramienta útil que relaciona los datos necesarios con este objetivo. Si la observamos de forma horizontal, podemos determinar si se tienen suficientes datos para lograr el objetivo, pero una visión válida requiere también de la triangulación de dichos datos, es decir, de contar con múltiples fuentes que contribuyan a una comprensión más completa. Si la observamos de forma vertical, podemos entender qué información necesitamos extraer de cada fuente de datos (figura 8.3).

Algunos de los tipos de datos mencionados en la lista, como los datos sobre transacciones y compromisos, son internos y están abiertos a los encargados de marketing. Sin embargo, no todos los datos internos están listos para usarse. Dependiendo de lo bien organizados y mantenidos que estén los registros, puede ser necesaria una limpieza de datos. Esto incluye corrección de conjuntos de datos inexactos, consolidación de duplicados y tratamiento de registros incompletos.

FIGURA 8.3 Marco de la matriz de datos

OBJETIVOS	ANÁLISIS REQUERIDOS	FUENTES DE DATOS					
		Datos sociales	Datos de medios	Datos web	Datos de punto de contacto	Datos de IoT	Datos de interacción
Seleccionar los medios adecuados para las comunicaciones de marketing	Segmentación y realización de perfiles	X	X	X	X	X	X
	Mapeo del recorrido del cliente	X	X	X	X	X	X
	Análisis de contenidos	X		X			
	Hábitos	X	X	X			
	Efectividad del *inbound marketing*	X		X	X		X

Triangulación de datos

Foco de análisis

Otros conjuntos de datos, como datos sociales y de medios de comunicación, son datos externos y deben adquirirse a través de terceros. También pueden proceder de socios de la cadena de valor, como proveedores, empresas de logística, minoristas y empresas de subcontratación.

Paso 3. Construir un ecosistema de datos integrado

La mayoría de las iniciativas de marketing basadas en datos comienzan como proyectos ágiles y *ad hoc.* Sin embargo, a largo plazo, este tipo de marketing se convierte en algo rutinario. Para asegurarse de que el esfuerzo de recopilación de datos se mantiene y se actualiza continuamente, las empresas deben construir un ecosistema de datos que integre todos los datos, externos e internos, y el mayor reto es encontrar un denominador común a todas las fuentes de datos. Lo ideal es integrar los datos a nivel de cliente individual, lo que permite un marketing por segmentos. Las buenas prácticas de mantenimiento de registros garantizan que todos los conjuntos de datos sobre el cliente estén siempre vinculados a identificadores únicos.

Si bien es sencillo para las fuentes de datos internas, el uso de identificadores de cliente para datos externos es un ejercicio difícil, aunque factible. Por ejemplo, los datos sociales pueden integrarse con el ID de cliente y con los datos de compra, si el cliente se conecta a sitios web de comercio electrónico utilizando sus cuentas de redes sociales, como Google o Facebook.

Otro ejemplo de integración de datos es una aplicación de fidelización de clientes para conectar con sensores inteligentes. Cada vez que un cliente se acerca a un sensor con su teléfono móvil, por ejemplo, en un pasillo de una tienda, el sensor registra el movimiento. Es útil para seguir el recorrido del cliente en lugares físicos.

Sin embargo, a veces no es posible vincular todo a un identificador de cliente individual, principalmente por cuestiones de privacidad. Una solución es utilizar una variable de segmentación demográfica específica como denominador común. Por ejemplo, el nombre del segmento «cliente varón de 18 a 34 años» puede funcionar como identificador único para consolidar los elementos de cada fuente de datos sobre ese grupo demográfico concreto.

Los conjuntos de datos dinámicos deben almacenarse en una única plataforma de gestión de datos que permita recoger, almacenar, gestionar y analizar los datos de forma exhaustiva. Todo nuevo proyecto de marketing basado en datos y con nuevos objetivos debe utilizar la misma plataforma para crear un ecosistema de datos más rico, muy beneficioso si la empresa decide utilizar aprendizaje automático para automatizar el análisis.

RESUMEN. MARKETING BASADO EN DATOS

El auge de los macrodatos ha cambiado la segmentación y la orientación del mercado. La amplitud y la profundidad de los datos de los clientes están aumentando exponencialmente, y se puede formar un perfil sólido de clientes individuales mediante datos de medios de comunicación, datos sociales, datos web, datos de puntos de venta, datos del IoT y datos de compromiso, lo que permite realizar un marketing por segmentos.

En la era digital, el problema ya no es la falta de datos, sino identificar los que importan. Por ello, el marketing orientado a datos debe empezar siempre por definir objetivos específicos y limitados en los que basarse. Así, los responsables de marketing adquieren conjuntos de datos relevantes y los integran en una plataforma de gestión conectada a un motor de análisis o de aprendizaje automático. La información resultante puede dar lugar a ofertas y campañas de marketing más precisas.

Sin embargo, el marketing orientado a datos nunca debe emprenderse como una iniciativa técnico-tecnológica. Un sólido equipo de liderazgo de marketing debe encabezar el proyecto y alinear los recursos de la empresa, incluido el apoyo técnico. Es imprescindible la participación de todos los responsables de marketing de la organización, ya que el marketing basado en datos no es una bala de plata y nunca se ejecutará en piloto automático.

PREGUNTAS PARA REFLEXIONAR

- Piensa en cómo una mejor gestión de los datos puede optimizar las prácticas de marketing en tu organización.
- ¿Cómo segmentas el mercado de tus productos y servicios? Crea una hoja de ruta para implementar el marketing uno a uno de tu organización.

CAPÍTULO 9

MARKETING PREDICTIVO

1. Anticiparse a la demanda de mercado con acciones proactivas

Tras la temporada 2001 de las Grandes Ligas de Béisbol, los Oakland Athletics perdieron a tres de sus jugadores clave debido a las normas de agencia libre. El director general Billy Beane, bajo presión por sustituir a sus agentes o jugadores libres con un presupuesto muy limitado, recurrió al análisis de datos para formar un equipo fuerte que jugara la siguiente temporada. En lugar de recurrir a ojeadores tradicionales y a información privilegiada, los A's utilizaron «sabermetría», el análisis de las estadísticas del juego. Así, descubrieron que ciertas métricas infravaloradas, como el porcentaje de bases y de bateo, podían predecir mejor el rendimiento que estadísticas ofensivas más convencionales. Dado que ningún otro equipo estaba interesado en jugadores con estas cualidades, los A's pudieron contratar a jugadores infravalorados manteniendo una nómina relativamente modesta. Esta extraordinaria historia se documentó en el libro de Michael Lewis y en la película de Bennett Miller, *Moneyball*, y atrajo la atención de otros clubes y de inversores deportivos de todo el mundo. John Henry, propietario de los Boston Red Sox y del Liverpool Football Club, fue uno de ellos, y se utilizaron modelos matemáticos para la reconstrucción del Liverpool. El club de fútbol, a pesar de su fantástica historia, tenía dificultades para competir en la Premier League inglesa. Tomando como referencia el análisis, nombró entrenador a Jürgen Klopp y reclutó jugadores para el equipo que ganaría la Liga de Campeones de la UEFA 2018-2019 y la Premier League inglesa 2019-2020.

Estas historias encarnan la esencia del análisis predictivo, que permite a las empresas anticiparse a los movimientos del mercado antes de que se produzcan. Tradicionalmente, los profesionales del marketing se basaban en estadísticas descriptivas que explicaban el comportamiento pasado y utilizaban su intuición para hacer conjeturas inteligentes sobre lo que ocurriría a continuación. La mayor parte de un análisis predictivo la realiza la inteligencia artificial (IA): los datos pasados se cargan en un motor de aprendizaje automático para revelar patrones específicos, esto es, modelos predictivos. Al introducir nuevos datos en el modelo, se pueden predecir resultados futuros, como quién es probable que compre, qué producto se venderá o qué campaña funcionará. Dado que el marketing predictivo se basa en gran medida en los datos, las empresas suelen tomar como referencia el ecosistema de datos establecido previamente (capítulo 8).

Gracias a estas previsiones, podemos ser más proactivos en materia de inversiones orientadas al futuro. Por ejemplo, predecir si nuevos clientes con importes de transacción pequeños se convertirán en cuentas importantes. De este modo, se optimiza la decisión de invertir recursos para hacer crecer a esos clientes concretos. Y, antes de asignar demasiados recursos al desarrollo de nuevos productos, un análisis predictivo ayuda a filtrar las ideas y, en definitiva, conduce a un mejor retorno de la inversión desde el marketing.

El modelo predictivo tampoco es nuevo. Durante años, los profesionales del marketing basado en datos ya construían modelos de regresión para encontrar relaciones de causalidad entre acciones y resultados. Pero, con el aprendizaje automático, los ordenadores no necesitan un algoritmo predeterminado por científicos de datos para empezar a descubrir patrones y modelos por sí mismos. Los modelos predictivos resultantes, tomados de la «caja negra», suelen ir más allá de la comprensión y el razonamiento humanos. Y esto es algo bueno, puesto que estas prácticas ya no quedan restringidas a prejuicios del pasado, suposiciones y visiones limitadas del mundo a la hora de predecir el futuro.

2. Aplicaciones del marketing predictivo

El análisis predictivo utiliza y analiza datos históricos pasados, pero, aparte de estadística descriptiva —útil para informar retrospectivamente de los resultados pasados de la empresa y explicar las razones que los motivaron—, las empresas con visión de futuro buscan saber más que lo que ocurrió en el pasado e incluso más que lo que ocurre en el presente, más allá de la analítica en tiempo real, que se utiliza para dar una respuesta rápida en marketing contextual (capítulo 10) o para probar actividades de marketing en marketing ágil (capítulo 12). El análisis predictivo examina comportamientos pasados de los clientes para evaluar la probabilidad de que realicen acciones similares o relacionadas en el futuro. Descubre patrones sutiles dentro del *big data* y recomienda el mejor curso de acción. Muy orientado al futuro, también ayuda a los profesionales del marketing a adelantarse a los acontecimientos, a preparar respuestas de marketing con antelación y a influir en el resultado.

El análisis predictivo es fundamental para tomar medidas proactivas y preventivas, es decir, para planificar la estrategia de marketing. Constituye una poderosa herramienta a disposición del equipo y se utiliza para optimizar la toma de decisiones (figura 9.1). Ahora, los profesionales del marketing pueden determinar qué escenario de mercado es probable que se produzca y qué clientes merece la pena tratar de captar. También se identifican las acciones y estrategias de marketing con más probabilidades de éxito, reduciendo significativamente el riesgo de fracaso.

FIGURA 9.1 Aplicaciones de marketing predictivo

Gestión predictiva de clientes

Dirigirse a un cliente y prestarle un servicio sin conocer los ingresos futuros que aportará es una pesadilla para la inversión en marketing. Los responsables deben decidir si gastan en costes de adquisición de clientes y de servicio —publicidad, marketing directo, atención al cliente y gestión de cuentas— para atraerlos y alimentarlos. Un análisis predictivo puede ayudar a tomar esta decisión de forma más acertada, puesto que estima el valor de un cliente.

El modelo de predicción utilizado para la gestión de clientes se denomina modelo de valor del cliente, que mide el valor de vida de este (CLV) a partir del valor actual de los ingresos netos proyectados generados por un cliente durante toda su relación con la empresa. Proporciona una visión prospectiva a largo plazo sobre el retorno de la inversión, un elemento fundamental, ya que la mayoría de los clientes pueden no ser rentables en el primer o segundo año debido a los altos costes de adquisición de clientes.

El concepto toma especial relevancia en empresas de negocio a negocio (B2B) y de servicios con relaciones de cliente a largo plazo, como bancos o telecomunicaciones. Las empresas que atienden a clientes corporativos tienen un gasto masivo en captación de clientes, especialmente en ferias y costes de personal de ventas. Del mismo modo, los bancos gastan mucho dinero en publicidad y bonos de inscripción, mientras que las empresas de telecomunicaciones suelen ofrecer descuentos en dispositivos móviles para captar clientes. Para estas empresas, los costes de marketing son demasiado elevados si se ven como transacciones puntuales o relaciones a corto plazo, pero estimar el CLV del cliente permite predecir su respuesta a ofertas de *upselling* y *cross-selling*. Estos algoritmos suelen basarse en datos históricos de productos que han sido comprados en paquete por clientes con perfiles similares. Además, los responsables de marketing pueden predecir la duración de la relación con cada cliente, detectar la pérdida de clientes y, lo que es más importante, descubrir las razones de la pérdida. De este modo, las empresas pueden desarrollar estrategias de retención eficaces. El análisis predictivo no solo prevé, sino que también mejora el CLV.

Una vez perfilados los clientes y calculados sus CLV, los responsables de marketing pueden aplicar el «enfoque de mejor acción siguiente» (NBA, por sus siglas en inglés), un plan de acción claro y paso a paso para cada cliente. En otras palabras, un plan de marketing uno a uno. Con interacciones multicanal tanto en marketing digital como en la fuerza de ventas, los profesionales del marketing guían a cada cliente desde la preventa hasta el servicio posventa. En cada paso, el análisis predictivo puede ayudar a determinar el siguiente movimiento: más material de marketing, una demostración del producto o un equipo de ventas.

De forma más sencilla, también se puede clasificar a los clientes a partir de su CLV como herramienta de asignación de recursos que dicta el dinero que deben asignar las empresas para adquirir y retener a un cliente en un nivel determinado. Así, los responsables de marketing pueden priorizar con qué clientes establecer una relación y llevarlos a niveles superiores con el tiempo. Del mismo modo, la gestión por niveles estructura la interfaz de cliente: aquellos que suponen una mayor contribución a la empresa tendrán acceso a un equipo de atención al cliente especializado, mientras que otros solo tendrán acceso a una interfaz digital automatizada (capítulo 11).

Gestión predictiva de productos

Los responsables de marketing pueden utilizar el análisis predictivo en todo el ciclo de vida del producto. De hecho, las predicciones pueden comenzar en una fase temprana de ideación y desarrollo de producto, ya que, basándose en un análisis de los atributos que funcionan en productos ya comercializados, es posible desarrollar nuevos productos con una combinación de todas las características adecuadas.

Esta práctica permite al equipo de desarrollo evitar volver repetidamente a la mesa de dibujo. Disponer de un diseño y un prototipo de producto con mayores posibilidades de éxito en las pruebas de mercado y en el lanzamiento real ahorra a los responsables de marketing una parte importante de los costes de desarrollo. Además, los algoritmos también se alimentan de información externa sobre tendencias y gustos de compradores potenciales, lo que impulsa la proactividad y el aprovechamiento de oportunidades antes que la competencia.

En su caso, Netflix empezó a crear contenidos originales para reforzar su ventaja competitiva sobre competidores emergentes y reducir costes de contenidos a largo plazo. Mediante estrategias analíticas, decidió sus series y películas originales. Por ejemplo, *House of Cards* se desarrolló a partir de las previsiones de éxito de combinar a Kevin Spacey como protagonista, David Fincher como director y el drama político inspirado en la serie de televisión británica original.

El análisis predictivo también es esencial para seleccionar qué producto ofrecer de una cartera de opciones ya existente. Este algoritmo predictivo se denomina «sistema de recomendación» y sugiere diferentes productos a los clientes en función de su historial y de las preferencias de clientes similares. El modelo de propensión estima la probabilidad de que clientes con perfiles específicos consuman determinados productos, lo que permite a los responsables de marketing ofrecer propuestas de valor personalizadas. Cuanto más tiempo funcione el modelo y más datos de respuesta de los clientes recoja, mejores serán las recomendaciones.

El motor de recomendación se aplica sobre todo en comercios como Amazon o Walmart y en empresas de servicios digitales como

YouTube o Tinder. Pero también ha alcanzado otros sectores. Cualquier empresa con una gran base de clientes y una amplia cartera de productos o contenidos encontrará valiosos los motores de recomendación de productos, pues es un modelo que ayuda a automatizar el proceso de adecuación de productos y mercados.

Del mismo modo, es más útil cuando los productos se compran y se usan juntos o en conjunto. Este modelo implica lo que se conoce como «análisis de afinidad de productos». Por ejemplo, quienes compren camisas probablemente estén interesados en comprar pantalones o zapatos a juego. Y quienes lean las noticias podrían querer leer otros artículos escritos por el mismo periodista o aprender más sobre un tema concreto.

Gestión predictiva de la marca

Un análisis predictivo puede ayudar a los profesionales del marketing a planificar actividades de comunicación de marca y marketing, sobre todo en el espacio digital. El principal requisito incluye la creación de perfiles completos de audiencia y el mapeo de ingredientes clave de campañas de éxito previas. Así, se pueden prever las campañas futuras con probabilidades de éxito. Dado que el aprendizaje automático es un esfuerzo constante, los responsables deben seguir evaluando campañas y optimizarlas. A la hora de diseñar creatividades publicitarias y de desarrollar marketing de contenidos, los gestores de marcas pueden recurrir a este aprendizaje automático para calibrar los intereses de los clientes en diversas combinaciones de ejemplares y elementos visuales. Un análisis en redes sociales y sitios web de reseñas de terceros puede utilizarse para comprender los sentimientos de los clientes sobre la marca y las campañas. También pueden recopilarse datos sobre campañas digitales y número de clics para optimizar las campañas, creatividades y contenidos con base en el sentimiento de los clientes y los clics.

El análisis predictivo también puede ser una poderosa herramienta para orientar la distribución de contenidos a una audiencia adecuada de dos maneras: las empresas pueden diseñar el contenido de la marca y luego identificar qué segmentos de clientes serán los más interesados para llegar a ellos (cuándo y dónde) o pueden elaborar un perfil de cliente para luego predecir qué contenido resonará más en su recorrido como cliente. Los clientes pueden tener dificultades para encontrar información entre los contenidos que las marcas difunden, y el modelo de predicción puede pronosticar el ajuste correcto y óptimo entre audiencia y contenido. De este modo, los profesionales del marketing pueden acabar con el desorden de contenidos y distribuir de forma selectiva a la audiencia deseada.

En el espacio digital, las empresas pueden seguir fácilmente el recorrido del cliente en múltiples sitios web y redes sociales. Por lo tanto, es sencillo predecir el siguiente movimiento de un cliente en sus compromisos digitales. Con esta información, los responsables de marketing pueden, por ejemplo, diseñar un sitio web dinámico donde el contenido cambie en función de la audiencia. A medida que los clientes navegan por el sitio web, el motor de análisis predice el siguiente mejor contenido, lo que aumentará gradualmente el nivel de interés y acercará al cliente a la acción de compra.

3. Crear modelos de marketing predictivo

Existen muchas técnicas para crear modelos predictivos de marketing, desde los más sencillos hasta los más sofisticados. Gracias a la ayuda de científicos de datos y expertos en estadística para construir y desarrollar estos modelos, no hay necesidad de entender los modelos estadísticos y matemáticos en profundidad. Sin embargo, los responsables de marketing deben comprender las ideas fundamentales que subyacen a un modelo predictivo para poder guiar a los equipos técnicos en la selección de datos y en la búsqueda de patrones, además de ofrecer apoyo en la interpretación del modelo y aplicar las predicciones a las operaciones del negocio.

Estos son algunos de los modelos predictivos más utilizados por los profesionales del marketing y sus fines múltiples.

Modelo de regresión para predicciones sencillas

El modelo de regresión es la herramienta más fundamental y útil para el análisis predictivo, pues evalúa la relación entre las variables independientes (datos explicativos) y las variables dependientes (datos de respuesta). Las variables dependientes son resultados o productos que los profesionales de marketing intentan conseguir, como datos de clics y de ventas, mientras que las independientes corresponden a datos que influyen en los resultados, como el momento de la campaña, el texto publicitario o los datos demográficos del cliente.

En un análisis de regresión, se buscan ecuaciones estadísticas que expliquen la relación entre las variables dependientes e independientes. En otras palabras, los responsables de marketing intentan comprender qué acciones de marketing tienen un impacto más significativo y generan mejores resultados para la empresa. La relativa sencillez de la regresión en comparación con otras técnicas la convierte en la más popular, porque puede adaptarse a muchas aplicaciones de marketing predictivo, como modelos de equidad de marca, de propensión, de detección de bajas y de afinidad de productos. En general, un modelo de regresión se lleva a cabo en varios pasos.

1. Recoger datos de las variables dependientes e independientes. Para el análisis de regresión, los conjuntos de datos de las variables dependientes e independientes deben recogerse en conjunto y con un muestreo suficiente. Por ejemplo, investigar el impacto del color de *banners* digitales en las tasas de clic mediante una muestra suficientemente sustancial de colores y de los datos de clics resultantes.

2. Encontrar la ecuación que explica la relación entre variables. Utilizando cualquier *software* estadístico, los expertos en marketing pueden dibujar la ecuación que mejor se ajuste a los datos. La ecuación más básica forma una línea recta, que se conoce como de «regresión lineal». Otra muy común es la regresión logística, que utiliza una función logística para modelar una variable dependiente binaria, como comprar o no comprar, permanecer o abandonar... La regresión logística se utiliza a menudo para predecir la probabilidad de un resultado, como la probabilidad de compra.

3. Interpretar la ecuación para revelar las ideas y comprobar su exactitud. Consideremos el siguiente ejemplo de ecuación:

$$Y = a+bX1 + cX2 + dX3 +e.$$

En la fórmula, Y es la variable dependiente, mientras que X1, X2 y X3 son las variables independientes. La a es el intercepto, que refleja el valor de Y si no se recibe influencia de las variables independientes. Los coeficientes de estas variables independientes son b, c y d, que indican el impacto en las variables dependientes. Y también podemos analizar el término de error o residuo (e). Una fórmula de regresión siempre contiene errores, ya que las variables independientes pueden no explicar totalmente las variables dependientes. Cuanto mayor sea el término de error, menos precisa será la ecuación.

4. Predecir las variables dependientes dadas las variables independientes. Una vez establecida la fórmula, los responsables de marketing pueden predecir las variables dependientes en función de las variables independientes. De este modo, pueden prever los resultados de una combinación de acciones de marketing.

Filtrado colaborativo para sistemas de recomendación

La técnica más popular para construir sistemas de recomendación es el filtrado colaborativo. El supuesto subyacente es que las personas buscan productos similares a otros que han comprado o eligen productos que han comprado otros con preferencias similares. Para que el modelo funcione, se necesita que los clientes califiquen los productos, de ahí el nombre de filtrado colaborativo. No solo se aplica a productos, sino también a contenidos, en función de lo que los profesionales de marketing quieran recomendar a sus clientes. En pocas palabras, el modelo de filtrado colaborativo funciona según la siguiente secuencia lógica.

1. Recoger las preferencias de una amplia base de clientes. Para medir el grado de preferencia por un producto, los profesionales del marketing pueden crear un sistema de valoración comunitario donde los clientes puedan calificar un producto con un simple «me gusta» o «no me gusta» (como en YouTube) o con una puntuación de 5 estrellas (como en Amazon). Como alternativa, pueden utilizar acciones que reflejen esta preferencia, como leer un artículo, ver un vídeo y añadir productos a la lista de deseos o la cesta de la compra. Netflix, por ejemplo, se basa en las películas que la gente ve a lo largo del tiempo.

2. Clúster de clientes y productos similares. Los clientes que han valorado conjuntos de productos similares y han mostrado comportamientos parecidos pueden incluirse en el mismo grupo. Se supone que forman parte de los mismos segmentos psicográficos (basados en el agrado/desagrado) y de comportamiento (basados en las acciones). También pueden agruparse artículos que han sido valorados de forma similar por un determinado grupo de clientes.

3. Predecir la calificación que dará un cliente a un nuevo producto. Los profesionales del marketing pueden predecir las puntuaciones que los clientes darán a productos que no han visto y valorado, basándose en puntuaciones proporcionadas por clientes afines. Esta predicción es esencial para ofrecer productos adecuados, que puedan gustar a clientes con altas probabilidades de comprar en el futuro.

Red neuronal para predicciones complejas

Una red neuronal, como su nombre indica, se inspira en el funcionamiento de la red neuronal biológica dentro del cerebro humano. Es una de las herramientas de aprendizaje automático más populares y ayuda a las empresas a construir modelos de predicción sofisticados. El modelo de red neuronal aprende de la experiencia procesando un gran número y variedad de ejemplos anteriores. Hoy en día, los modelos de redes neuronales son fácilmente accesibles. Google, por ejemplo, ofrece su plataforma de aprendizaje automático con redes neuronales, TensorFlow, como *software* de código abierto, a disposición de todo el mundo.

A diferencia de un simple modelo de regresión, una red neuronal se considera una caja negra porque su funcionamiento interno suele ser difícil de interpretar para los humanos. En cierto modo, recuerda a cómo los humanos a veces no pueden explicar la forma en que toman decisiones basadas en información que tienen a mano. Sin embargo, también es adecuado para construir modelos a partir de datos no estructurados cuando los científicos de datos y los equipos de negocio no pueden determinar el mejor algoritmo.

Estos pasos explican en términos sencillos el proceso de la red neuronal.

1. Cargar dos conjuntos de datos: entrada y salida. Un modelo de red neuronal consta de una capa de entrada, capas de salida y capas ocultas intermedias. De forma similar a como construimos un modelo de regresión, las variables independientes se cargan en la capa de entrada, mientras que las dependientes van a la capa de salida. La diferencia, sin embargo, está en las capas ocultas, que contienen algoritmos de caja negra.

2. Dejar que las redes neuronales descubran las conexiones entre los datos. Una red neuronal es capaz de conectar datos para obtener una función o un modelo predictivo. Su funcionamiento es similar al de los cerebros humanos, que conectan los puntos basándose en el aprendizaje vital. La red neuronal descubre todo tipo de patrones y de relaciones entre conjuntos de datos: correlaciones, asociaciones, dependencias y causalidades..., que pueden ser desconocidas o estar ocultas.

3. Utilizar el modelo resultante en las capas ocultas para predecir la salida. Las funciones derivadas de los ejemplos pueden utilizarse para predecir la salida de una nueva entrada. Así, cuando la salida real se carga de nuevo en la red neuronal, la máquina aprende de su inexactitud y refina las capas ocultas con el tiempo, de ahí su denominación de «aprendizaje automático». Aunque no revela conocimientos del mundo real, debido a su complejidad, este modelo puede ser muy preciso en sus predicciones.

La elección del modelo de predicción depende del problema en cuestión. Cuando está estructurado y es fácil de entender, basta con un modelo de regresión, pero cuando implica factores o algoritmos desconocidos, los métodos de aprendizaje automático, como redes neuronales, funcionarán mejor. Los profesionales del marketing también pueden utilizar más de un modelo para encontrar el que se ajuste mejor a los datos que tienen (figura 9.2).

FIGURA 9.2 Cómo funciona el marketing predictivo

RESUMEN. MARKETING PREDICTIVO

Los profesionales del marketing basado en datos pueden adelantarse a los acontecimientos prediciendo los resultados de cada acción. En la gestión de clientes, el análisis predictivo puede ayudar a las empresas a estimar el valor de clientes potenciales antes de incorporarlos y determinar la inversión necesaria para conseguirlos y hacerlos crecer.

En la gestión de productos, los responsables pueden prever los resultados de ventas de un prototipo de producto antes de su lanzamiento y determinar qué línea de productos debe ser objeto de ventas adicionales y cruzadas a partir de una amplia cartera. Por último, el modelo predictivo permite a los gestores de marcas analizar los sentimientos de sus clientes y decidir cómo construir sus marcas en un contexto determinado.

Existen varias técnicas populares de marketing predictivo, que incluyen el análisis de regresión, el filtrado colaborativo y las redes neuronales. El aprendizaje automático o la inteligencia artificial pueden utilizarse para construir modelos predictivos, normalmente con la ayuda técnica de científicos de datos y de expertos en estadística. Sin embargo, los profesionales del marketing deben contar con una comprensión estratégica del funcionamiento de estos modelos y de la extracción de información.

PREGUNTAS PARA REFLEXIONAR

- ¿Tu organización ha aprovechado el análisis predictivo para el marketing? Explora algunas aplicaciones nuevas del marketing predictivo.
- ¿Cómo implementarás el marketing predictivo y lo integrarás en las operaciones? ¿Cómo se socializarán los modelos predictivos en tu organización?

CAPÍTULO 10

MARKETING CONTEXTUAL

1. Crear una experiencia sensorial con respuesta personalizada

En 2019, Walgreens comenzó a probar neveras inteligentes que combinan cámaras, sensores y puertas con pantalla digital para mostrar los productos que hay en su interior, así como una publicidad personalizada para cada comprador. Aunque la tecnología no reconoce los rostros ni las identidades por razones de privacidad, sí predice la edad y el sexo de los compradores. El frigorífico utiliza la detección facial para deducir el grupo demográfico y las emociones de un comprador que se acerca a la puerta de la nevera. También utiliza sensores de movimiento y de seguimiento ocular para medir el interés del comprador.

Combinando estos datos con información externa, como el tiempo o ciertos acontecimientos locales, el motor de IA puede seleccionar productos y promociones específicos para mostrarlos en las pantallas. El frigorífico también hace un seguimiento de lo que elige el comprador y le recomienda otro artículo similar una vez que se cierra la puerta. Como es de esperar, recoge muchos datos sobre el comportamiento de los compradores y sobre qué envases de productos o campañas funcionan.

El sistema de refrigeración inteligente —proporcionado por Cooler Screens— aporta múltiples ventajas. Walgreens ha visto crecer el tráfico y las compras en las tiendas que lo tienen instalado y también obtiene ingresos adicionales por los anuncios. Además, la tecnología permite cambiar rápidamente los precios y las promociones para experimentar. Permite a las marcas controlar las existencias y obtener información sobre sus campañas más recientes.

Este tipo de modelo de publicidad dinámica y contextual no es algo novedoso en marketing digital. Las marcas ya lo utilizaban para enviar anuncios personalizados en función del historial de navegación de los clientes. Con las neveras inteligentes, el modelo se traslada al espacio comercial, tendiendo un puente entre el mundo físico y el digital. Ahora, los vendedores pueden realizar marketing contextual de forma automatizada con la ayuda de tecnología avanzada.

De hecho, el objetivo a largo plazo de la tecnología de próxima generación, como el internet de las cosas (IoT) y la inteligencia artificial (AI), es replicar la conciencia situacional humana. Los vendedores experimentados pueden ofrecer productos adecuados a clientes adecuados en el momento y el lugar adecuados, puesto que han establecido relaciones a largo plazo, conocen a fondo a sus clientes y atienden a cada uno de ellos con un enfoque personalizado. La misión es ofrecer esta experiencia contextual a escala con la ayuda del IoT y la IA.

2. Crear una infraestructura de detección inteligente

Los seres humanos desarrollan conciencia de una situación estudiando el entorno en busca de señales sensoriales y distinguen las emociones de otras personas observando sus expresiones faciales y sus gestos. Es decir, sabemos si la gente está molesta o si está contenta con nosotros. Para que los ordenadores hagan lo mismo, es necesario que una serie de sensores recojan todas estas señales, procesadas después por sistemas de IA.

Sensores de proximidad para respuesta contextual en el punto de venta

El primer paso para trabajar con marketing contextual impulsado por IA es establecer un ecosistema conectado de sensores y dispositivos, especialmente en el punto de venta (PDV). Uno de los sensores más populares son las balizas, transmisores Bluetooth de baja energía que se comunican con dispositivos cercanos. Con balizas instaladas en un establecimiento físico, los vendedores pueden localizar a los clientes y seguir sus movimientos. Los sensores también pueden ayudar a los vendedores a enviar contenido personalizado a los dispositivos conectados, por ejemplo, en forma de notificaciones *push*.

Las empresas deben determinar las condiciones específicas que activarán los sensores para realizar acciones basadas en la localización. El mejor desencadenante contextual es la presencia de un cliente. El reto, sin embargo, es reconocer la identidad o el perfil del cliente para garantizar que la respuesta sea realmente personalizada. Por ejemplo, un cliente con el perfil de edad y sexo adecuado que se acerca a un pasillo de una tienda puede ser un excelente estímulo para enviar ofertas de descuento personalizadas. Las variables ambientales, como el clima, también pueden ser un disparador contextual. Cuando hace calor en el exterior, quizá es mejor promocionar bebidas frías (figura 10.1).

Para que esta estrategia tenga éxito, los profesionales del marketing deben aprovechar aquellos dispositivos que siempre están en posesión del cliente como indicador de su paradero, como un *smartphone*. Los teléfonos inteligentes se han convertido en un dispositivo muy personal que los clientes tienen siempre cerca. Ya sustituye a una cámara, una cartera e incluso a una llave para muchos. Y, lo que es más importante, los *smartphones* están repletos de sensores y siempre están conectados a través de Bluetooth o de una red móvil. Pueden conectarse y comunicarse con los sensores.

FIGURA 10.1 Cómo funciona el marketing contextual

Cuando un cliente con la aplicación móvil adecuada está cerca, se activa una baliza o un sensor de proximidad. Digamos, por ejemplo, que el cliente ha instalado una aplicación para un minorista y ha iniciado sesión en la aplicación con sus datos personales. Una vez activada por la proximidad del teléfono móvil, recibirá un mensaje personalizado en forma de notificación.

Imagina que se instalan balizas en todos los pasillos de tiendas, parques temáticos, centros comerciales, hoteles, casinos o cualquier otro establecimiento físico. Las empresas pueden utilizar los teléfonos móviles de los clientes como herramientas de navegación, proporcionando información y promociones a medida que los clientes caminan por los lugares físicos. Esto crea un viaje altamente contextual. Macy's, Target, CVS y otros grandes minoristas están utilizando la tecnología de balizas para este fin concreto.

También podrían utilizarse dispositivos vestibles —incluso implantables— o *wearables* en el futuro. De hecho, las empresas tecnológicas ya ofrecen agresivamente relojes, auriculares y bandas de fitness inteligentes que pueden convertirse en dispositivos más personales incluso que el *smartphone*. Aunque todavía no son tan populares como los teléfonos, sí son muy prometedores, pues contienen información sobre micromovimientos y la salud de los clientes. Disney y Mayo Clinic, por ejemplo, utilizan bandas RFID para rastrear y analizar la ubicación y el movimiento de las personas.

Biometría para crear acciones personalizadas

Otro desencadenante contextual muy popular son los propios clientes. Sin necesidad de dispositivos personales, podemos reconocer en sus gestos faciales ciertas acciones relativas al contexto. El reconocimiento facial, una tecnología en auge, permite a las empresas no solo estimar perfiles demográficos, sino también identificar a cada cliente una vez registrado en la base de datos y ofrecerle respuestas contextuales adecuadas.

Al igual que Walgreens y sus neveras inteligentes, Tesco ha comenzado a instalar tecnología de detección facial en sus gasolineras de Reino Unido. La cámara capta el rostro del conductor y un motor de IA predice su edad y sexo, tras lo cual el cliente recibe anuncios dirigidos específicamente a su perfil demográfico mientras espera a que se llene su depósito.

Bestore, una cadena de aperitivos de China, utiliza la base de datos de reconocimiento facial de Alibaba para escanear e identificar a quienes dan su consentimiento. Esta tecnología permite a los dependientes de la tienda ver qué aperitivos gustan a los clientes, según los datos de Alibaba, en el momento en que entran en la tienda. De este modo, los dependientes pueden ofrecer el producto adecuado a cada comprador. La tecnología de reconocimiento facial no solo sirve para identificar a los clientes, sino que también se integra en el sistema de pago por reconocimiento facial Smile to Pay de Alipay.

La tecnología de reconocimiento facial también puede detectar los sentimientos de las personas. Los algoritmos de IA pueden inferir emociones analizando las expresiones faciales humanas en imágenes, vídeos grabados y cámaras en directo. Esta función es beneficiosa para que los profesionales del marketing comprendan cómo responden los clientes a sus productos y campañas sin la presencia de un observador humano. También, la detección de emociones se utiliza para probar el concepto de productos o de anuncios en entrevistas *online* y grupos de discusión. A los encuestados que comparten el acceso a sus cámaras web se les pide que vean una foto o un vídeo y se analizan sus reacciones faciales. Por ejemplo, Kellogg's utilizó el análisis de expresión facial de Affectiva para desarrollar los anuncios de Crunchy Nut, realizando un seguimiento de la diversión y del compromiso del espectador al ver los anuncios durante el primer visionado y la repetición. Y Disney ha experimentado con la detección de emociones instalando cámaras en los cines que proyectan sus películas, analizando millones de expresiones faciales a lo largo de la película para saber cuánto disfrutan los espectadores de cada escena. Es útil para mejorar la eficacia y el entretenimiento de futuros proyectos.

Gracias a su análisis en tiempo real, la misma tecnología puede utilizarse para ofrecer contenidos que respondan a las reacciones de la audiencia. El caso más obvio son los anuncios dinámicos en vallas publicitarias exteriores. Ocean Outdoor, una empresa de publicidad exterior, instaló vallas publicitarias con cámaras que detectan el estado de ánimo, la edad y el sexo del público para ofrecer anuncios específicos en Reino Unido.

Otra aplicación en desarrollo está en la conducción. Algunos fabricantes de automóviles han empezado a probar la tecnología de reconocimiento facial para mejorar la experiencia. Al reconocer la cara del propietario del coche, este puede abrirse automáticamente, arrancar e incluso reproducir la lista de reproducción favorita del propietario. Y cuando la tecnología detecta cansancio, también puede recomendar que se tome un descanso.

Esta aplicación se relaciona con los sensores de seguimiento ocular, gracias a los cuales las empresas pueden entender dónde centra la atención un espectador basándose en sus movimientos oculares, por ejemplo, al ver un anuncio o un vídeo. Los profesionales del marketing pueden crear un mapa de calor y saber qué áreas específicas del anuncio generan más emoción y compromiso. Palace Resorts utilizó el seguimiento ocular en su campaña de marketing. La empresa hotelera creó un micrositio donde los visitantes podían hacer un test de vídeo y dar su consentimiento para el uso de la tecnología de seguimiento ocular a través de cámaras web. Debían elegir entre dos vídeos con una combinación de varios elementos relacionados con las vacaciones. En función de la dirección de su mirada, el sitio recomendaba el complejo turístico de la empresa que mejor se adaptara a los intereses del visitante.

La voz es otra forma de reconocer seres humanos y desencadenar acciones contextuales. La IA puede analizar las propiedades del habla vocal —velocidad, pausas breves y tonos— y descubrir emociones implícitas. La compañía de seguros médicos Humana utiliza el análisis de voz de Cogito en sus centros de llamadas para entender los sentimientos de la persona que llama y recomendar técnicas de conversación al agente. Cuando alguien suena molesto, por ejemplo, el motor de IA avisa al agente para que cambie de enfoque. En esencia, se trata de entrenar a los agentes para que establezcan mejores conexiones en tiempo real.

British Airways también experimenta con el análisis del estado de ánimo de sus pasajeros a bordo del avión mediante una «manta de la felicidad», que cambia de color según el estado de ánimo de cada pasajero. Viene acompañada de una cinta que monitoriza las ondas cerebrales y determina si el pasajero está ansioso o relajado. El experimento ayudó a la aerolínea a comprender los cambios de estado de sus clientes a lo largo del viaje: cuando ven el servicio de entretenimiento a bordo, durante las comidas o cuando duermen. Y, lo que es más importante, la tecnología permite a los auxiliares de vuelo identificar rápidamente qué pasajeros están descontentos para tratar de que se sientan más cómodos. La detección del estado de ánimo a partir de expresiones faciales, movimientos oculares, voz y señales neuronales aún no es algo habitual en las aplicaciones de marketing, pero será clave para el futuro del marketing contextual. Es fundamental comprender el estado de ánimo del cliente, además de sus perfiles demográficos básicos.

Crear un canal directo con las instalaciones y la aparatología del hogar de los clientes

El IoT también penetra en los hogares de los clientes. Sistemas de seguridad, sistemas de entretenimiento, electrodomésticos... Todo está conectado a Internet. El aumento de los hogares inteligentes proporciona un canal para que los vendedores promuevan productos y servicios directamente donde viven los clientes y ayuda a que el marketing se acerque cada vez más al punto de consumo.

Uno de los canales predilectos que conducen al hogar del cliente son los altavoces inteligentes, como Amazon Echo, Google Nest y Apple HomePod, sostenidos por asistentes de voz inteligentes: Alexa, Google Assistant y Siri. Estos altavoces actúan esencialmente como motores de búsqueda activados por voz, respondiendo preguntas y buscando información. Al igual que los motores de búsqueda, se vuelven más inteligentes a medida que aprenden más sobre los hábitos y comportamientos de sus propietarios a través de numerosas consultas. Por tanto, son un canal de marketing contextual potencialmente poderoso.

La comercialización de estos altavoces inteligentes está todavía en fase inicial, ya que no hay publicidad directa en ninguna de las plataformas. Pero hay muchas soluciones posibles. Por ejemplo, Amazon Echo permite a los usuarios entrenar a Alexa con habilidades específicas para hacerla más útil. Empresas como P&G y Campbell's integran habilidades relacionadas con sus productos: para la marca Tide, P&G creó una habilidad de Alexa que responde a cientos de preguntas sobre la ropa y Campbell's publicó otra que responde preguntas sobre recetas. Cuantas más preguntas y respuestas formulan los clientes, más conocimiento y mayor intención de compra se produce para las marcas.

La mayoría de los electrodomésticos inteligentes cuentan con espacio de pantalla para la promoción. El Family Hub de Samsung —un frigorífico con pantalla táctil— permite a los compradores elaborar una lista de la compra y pedir alimentos directamente desde la aplicación de Instacart. También permite a los clientes solicitar un viaje en Uber o pedir comida en Grubhub. Este ecosistema de electrodomésticos inteligentes facilita la disponibilidad instantánea de productos y servicios adecuados en momentos de necesidad del cliente.

La aplicación más avanzada en este sentido es la impresión 3D. Aunque aún está en pañales, porque se considera cara y complicada, las empresas están explorando formas de llevarla al uso cotidiano. Hershey y 3D Systems presentaron la impresora 3D de chocolate CocoJet en 2014, con la que los usuarios podían imprimir chocolate de diversas formas y poner un mensaje personalizado. Este tipo de tecnología acerca el punto de producción al punto de consumo.

Aunque es más popular en el negocio entre clientes (B2C), el marketing contextual es muy aplicable en entornos entre empresas (B2B). Dado que las empresas B2B no tienen necesariamente puntos de venta, los sensores IoT se integran en sus productos y, por tanto, en las instalaciones del cliente. Los fabricantes de equipos pesados, por ejemplo, pueden instalar sensores en la maquinaria que venden para controlar su rendimiento. Las empresas pueden entonces proporcionar datos contextuales a sus clientes para que realicen un mantenimiento preventivo con regularidad y ahorren costes.

3. Ofrecer tres niveles de experiencia personalizada

La adaptación y la personalización en el mundo digital son sencillas; los responsables de marketing utilizan información digital sobre los clientes para ofrecer contenidos dinámicos que se ajusten al perfil. En el espacio físico, esto solía depender en gran medida del toque humano, pero, con infraestructura de IoT e IA, las empresas pueden aplicar la capacidad de adaptación y de personalización al mundo físico sin demasiada intervención humana.

El marketing a medida puede realizarse en tres niveles: informativo (proporcionar la oferta adecuada: mensaje de comunicación de marketing, selección de productos o promoción de precios), interactivo (ofrecer una interfaz de comunicación bidireccional e interactuar de forma inteligente con los clientes) e inmersivo (involucrar profundamente a los clientes en experiencias sensoriales).

Nivel 1. Información personalizada

Un marketing basado en la localización precisa del cliente objetivo es el tipo más común de marketing informativo y aprovecha uno de los metadatos más valiosos: la geolocalización. Los datos suelen captarse a través del sistema de posicionamiento global (GPS) de los *smartphones* de los clientes y, para su uso en interiores, estos datos pueden mejorarse mediante el uso de sensores de proximidad o balizas.

Así, los profesionales del marketing suelen realizar prácticas de marketing de *geofencing*, que consisten en crear un perímetro virtual alrededor de un punto de interés específico (una tienda, un aeropuerto, una oficina o una escuela, entre otros) y emitir mensajes dirigidos a la audiencia que se encuentra dentro de dicho perímetro. Las principales plataformas publicitarias de redes sociales, como Facebook y Google, ofrecen funciones de *geofencing*. Esto significa que las campañas se pueden aislar y dirigir a áreas específicas. Las empresas pueden utilizar el *geofencing* para dirigir el tráfico a sus tiendas desde lugares cercanos o de la competencia mediante ofertas promocionales. Empresas como Sephora, Burger King y Whole Foods utilizan marketing basado en geolocalización. Burger King, por ejemplo, creó una «geocerca» alrededor de más de 14 000 locales de McDonald's, así como de más de 7000 establecimientos propios en Estados Unidos, en su campaña Whopper Detour. Los usuarios de la aplicación móvil de Burger King podían pedir una hamburguesa Whopper por un céntimo, pero solo si estaban cerca de un McDonald's. Una vez realizado el pedido, eran redirigidos y debían desplazarse desde el punto de venta de McDonald's hasta un Burger King cercano para conseguir su comida.

Nivel 2. Interacción personalizada

El marketing contextual en su formato interactivo tiene en sí mismo varios niveles. Los clientes no reciben una llamada directa a la compra en ofertas localizadas, sino que se les da la oportunidad de responder al mensaje en función de su ubicación. Dependiendo de la respuesta, se les envía otro mensaje, creando así un diálogo. Con este enfoque, las empresas pueden animar a los clientes para avanzar en su recorrido, de la concienciación a la acción, ofreciéndoles los incentivos adecuados o la oferta correcta. La ventaja de este enfoque es que los clientes se sienten más obligados a comprar tras varias interacciones y un recorrido más completo.

Para que el marketing contextual sea más interactivo, las empresas pueden utilizar los principios de la gamificación. Shopkick, una aplicación de recompensas por compra, colabora con American

Eagle y muchos otros minoristas para ofrecer incentivos, de forma que los compradores avancen hacia la compra. La aplicación incentiva en cada paso del camino, ofreciendo recompensas al entrar en la tienda, escanear un código de barras para saber más sobre un producto y probarse la ropa en los probadores.

Por su parte, Sephora realiza un marketing contextual interactivo vinculando las ofertas y la localización del cliente con una consulta en tienda. El proceso comienza cuando los clientes prueban Sephora Virtual Artist, una herramienta de realidad aumentada que les permite ver cómo funcionan los productos de maquillaje en sus rostros, disponible en línea y en tienda en un quiosco. Cuando estén cerca de una tienda, se les recuerda que la visiten y que reserven una consulta, aumentando las posibilidades de compra.

Nivel 3. Inmersión total

En este nivel de personalización, los vendedores ofrecen una inmersión total en el espacio físico con la ayuda de sensores y otras tecnologías, como realidad aumentada o robótica. La idea es rodear a los clientes de una experiencia digital mientras están en las tiendas físicas. Los grandes minoristas, por ejemplo, utilizan datos de geolocalización y realidad aumentada para ofrecer navegación inmersiva en la tienda. Tomemos como ejemplo la aplicación móvil de Lowe's, que permite crear una lista de la compra y añadir artículos al carrito. Una vez han terminado, se puede activar la función de realidad aumentada, y una ruta de color amarillo aparecerá en la pantalla, en el suelo delante de ellos, para conducirlos rápidamente hasta sus artículos.

Algunas marcas de moda, como Ralph Lauren, están utilizando probadores inteligentes para ofrecer nuevas experiencias digitales inmersivas en el mundo físico. Los clientes pueden llevar los artículos de moda que les gustan al probador e interactuar con un espejo digital. Gracias a la tecnología RFID, todas las prendas se muestran al instante en la pantalla, con opciones por colores y tallas. Así, los dependientes de la tienda pueden llevar otros artículos al probador e incluso recomendar estilos concretos.

El objetivo del marketing inmersivo y contextual es difuminar las fronteras entre el mundo físico y el digital para que los clientes reciban una experiencia omnicanal sin fisuras. Así podemos combinar el poder de personalización de la tecnología digital y la naturaleza experiencial de los establecimientos físicos.

FIGURA 10.2 Desencadenantes y respuestas en marketing contextual

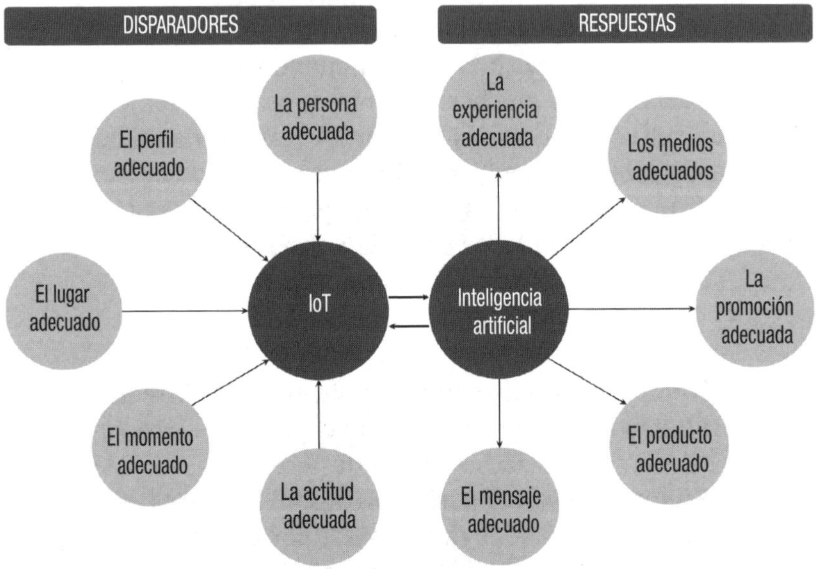

RESUMEN. MARKETING CONTEXTUAL

El IoT y la IA forman una poderosa combinación a la hora de crear una experiencia de marketing contextual en el mundo real. El marketing dinámico basado en datos de clientes es nativo de los medios digitales y permite a los profesionales adaptar fácilmente las ofertas de marketing de forma automatizada. En el pasado, el marketing contextual en espacios físicos dependía de la capacidad del personal de primera línea para leer a sus clientes. Con la ayuda del IoT y la IA, esto ya no es así.

El elemento más crítico del marketing contextual impulsado por IA es construir un ecosistema conectado de sensores y dispositivos, ya sea en el punto de venta o en las instalaciones del cliente. Una vez establecida la infraestructura, los profesionales del marketing solo tiene que definir desencadenantes y acciones de respuesta. Cuando la persona adecuada con el perfil adecuado esté cerca de los sensores, lo detectarán para ofrecerle los productos adecuados con el mensaje adecuado. También podrán interactuar con esa persona e incluso desarrollar una experiencia de cliente inmersiva como se muestra en la anterior figura 10.2.

PREGUNTAS PARA REFLEXIONAR

- Piensa en cómo aprovecharías la tecnología de marketing contextual en tu organización. ¿Cuáles son algunas de las oportunidades para aplicar una combinación de IoT e IA?
- Explora formas de personalizar tu enfoque de marketing en función de tu comprensión de los clientes en tiempo real.

CAPÍTULO 11

MARKETING AUMENTADO

1. Interacciones humanas potenciadas por la tecnología

Uno de los principales titulares de finales de la década de 1990 fueron las partidas de ajedrez entre Deep Blue de IBM y el gran maestro Garry Kasparov, una serie de enfrentamientos legendarios entre hombre y máquina. En 1997, la supercomputadora se convirtió en la primera máquina en derrotar a un campeón mundial en una partida de ajedrez y, aunque un año antes, Kasparov había ganado la primera partida, esta derrota se convirtió en un acontecimiento en el mundo del ajedrez y fuera de él.

Muchos expertos hablaron de esta victoria como una muestra de la inteligencia superior de la máquina. Deep Blue podía procesar 200 millones de posiciones por segundo en aquel entonces, mucho más que cualquier humano. El propio Kasparov admitió sentirse abrumado y desconcertado ante la capacidad de juego de Deep Blue. Un oponente humano es más predecible, ya que podía leer su expresión facial y su lenguaje corporal.

A raíz de ello, muchos ajedrecistas, incluido Kasparov, sintieron curiosidad por saber si podrían aumentar su capacidad de juego valiéndose de un ordenador. Esto dio lugar a una forma de competición conocida como «ajedrez avanzado» o «de estilo libre», donde los jugadores humanos pueden consultar sus movimientos con máquinas. En 2005 se produjo un gran avance: en un torneo en el que participaron grandes maestros y superordenadores, resultaron ganadores dos ajedrecistas aficionados, Steven Cramton y Zackary Stephen, asistidos por tres ordenadores corrientes (ZackS).

En las fases previas a la final, varios grandes maestros (ayudados por ordenadores) derrotaron a la mayoría de los superordenadores. La única excepción fue el equipo ZackS, que también derrotó a superordenadores por el camino. Finalmente, el equipo ZackS venció a los grandes maestros y sus ordenadores de apoyo. Estos jugadores aficionados habían enseñado a sus máquinas mejor que cualquier gran maestro o cualquier ordenador de autoaprendizaje.

Esta historia se cita a menudo como prueba de que la colaboración hombre-máquina funciona mejor que un humano experto o una máquina potente. La clave está en encontrar una forma óptima de simbiosis. Incluso en la actualidad, los superordenadores no están ni s cerca de replicar la inteligencia humana, tan llena de matices, y el sueño de la inteligencia artificial general (AGI) está aún lejos de hacerse realidad (capítulo 6), pero los ordenadores sí que han logrado asumir funciones específicas de los humanos. En lugar de construir máquinas que sean capaces de hacerlo todo, los tecnólogos se centran en desarrollar aplicaciones de IA donde las máquinas resultan más eficaces que los humanos.

Saber con precisión qué y cómo enseñar a los ordenadores permitirá a los entrenadores humanos desarrollar todo su potencial. Esta premisa conduce a un movimiento de desarrollo tecnológico conocido como «amplificación de la inteligencia» (AI) o «inteligencia aumentada». A diferencia de la inteligencia artificial (IA), que pretende replicar la inteligencia humana, la AI busca optimizar la inteligencia humana con apoyo de la tecnología. En la AI, los humanos siguen siendo quienes toman las decisiones, aunque con el apoyo de un sólido análisis computacional.

En el ámbito del marketing, la AI resulta muy útil en áreas donde los humanos siguen siendo dominantes y los ordenadores solo pueden convertirse en sistemas de apoyo. Por ejemplo, el marketing «aumentado» se centra en actividades que implican en gran medida interacciones entre humanos, como la venta y la atención al cliente. En trabajos que requieren muchos recursos humanos, el papel de la tecnología es aumentar la productividad asumiendo tareas de poco valor y facilitando que los humanos puedan tomar decisiones más claras y precisas.

2. Creación de interfaces de cliente por niveles

La interfaz de cliente —la forma en que los clientes se comunican con las empresas— es una parte importante de la experiencia de cliente. En sectores como hostelería, sanidad, servicios profesionales e incluso alta tecnología, algunas interfaces de cliente se encuentran a cargo de humanos. Los conserjes, las enfermeras, los asesores y los gestores de cuentas son recursos fundamentales en sus campos, y las máquinas no pueden igualar sus capacidades u ofrecer la experiencia adecuada. Pero se necesitan años para contratar y desarrollar las competencias de estas personas antes de que puedan dar lo mejor de sí mismas. Esta circunstancia hace que las empresas tengan dificultades para escalar, porque se pone un límite al crecimiento.

El marketing aumentado ofrece una solución a este problema. Una interfaz de cliente digital ofrece formas alternativas de interacción marca/empresa-cliente. Gartner estima que en 2022 el 72 % de las interacciones con clientes implicarán tecnologías emergentes como IA, *chatbots* o mensajería móvil. Aunque una interfaz digital no puede sustituir la interacción entre humanos por completo, sí puede aliviar la carga y permitir que los recursos humanos se pongan en marcha de forma más rápida, precisa e inteligente.

El auge de la generación Y y la generación Z alimentará aún más esta necesidad de marketing aumentado (capítulo 2), ya que estas generaciones ven Internet como una parte indispensable de sus vidas y la tecnología como una extensión de ellos mismos. De hecho, no diferencian entre el mundo físico y el digital, generando lo que se llama mundo *phygital*. Esto, sumado a la necesidad de rapidez y de entrega a la carta, ha impulsado las interfaces digitales. El marketing aumentado tiene como premisa añadir valor a operaciones de primera línea mediante apoyo tecnológico, y una forma de mejorar la productividad es crear un sistema de interfaces escalonadas o por niveles. Mezclar las interfaces digitales y humanas dentro de una pirámide estructurada permite a las empresas escalar y abrirse huecos alternativos en el mercado. La tecnología libera a los humanos para que trabajen en tareas que merecen la pena.

Interfaces de venta por niveles

En el proceso de venta, la jerarquización más común en materia de interfaz de cliente se basa en el ciclo de vida del cliente a través del embudo de ventas. Las empresas B2B pueden captar y alimentar primeros a sus clientes potenciales a través de una interfaz digital, al tiempo que persiguen clientes potenciales mejor cualificados con su equipo de vendedores. Con este enfoque, tienen mayor alcance y optimizan el proceso de captación de clientes potenciales. Al mismo tiempo, pueden reorientar los esfuerzos de la fuerza de ventas hacia el cierre de acuerdos. Esta disposición es óptima, ya que el último paso de los embudos de ventas suele requerir una gran capacidad de comunicación y negociación.

Los negocios minoristas también pueden aprovechar las interfaces de venta por niveles con presencia omnicanal. Los canales digitales se utilizan para dar a conocer, crear atracción y fomentar la compra, y los clientes pueden navegar por un catálogo de productos en el sitio web o aplicación móvil y seleccionar lo que les gusta. Empresas como Sephora e IKEA utilizan la realidad aumentada (AR) para que los compradores potenciales puedan «probar(se)» el producto digitalmente. De este modo, cuando acuden al punto de venta, ya existe el interés y es más fácil cerrar la venta.

La división del trabajo entre el ser humano y la máquina en el proceso de ventas se basa en la especialización de actividades a lo largo del embudo. Este modelo híbrido utiliza varios canales de venta, desde los de menor coste hasta los más caros, y cada canal desempeña una función específica que conduce a los clientes potenciales desde la parte superior hasta la parte inferior del embudo (figura 11.1).

Se necesitan varios pasos para diseñar una interfaz escalonada que cree la mejor simbiosis entre personas y ordenadores:

1. Determinar las etapas del proceso de venta. Un proceso de ventas típico es similar a un embudo, lo que significa que el equipo de ventas convierte un gran grupo de clientes potenciales en un número menor de clientes, paso a paso. La calidad del proceso de ventas se refleja en las tasas de conversión a lo largo del embudo. El proceso de la parte superior del embudo (ToFu) incluye fases de concienciación, generación de clientes potenciales, cualificación de los mismos y captación de datos de clientes potenciales. La parte media del embudo (MoFu) suele implicar estrategias de motivación para convertir a los clientes potenciales. Por último, la parte inferior del embudo (BoFu) incluye la reunión y el convencimiento de clientes potenciales, así como la negociación y el cierre de la venta.

FIGURA 11.1 Ejemplo de marketing aumentado en la interfaz de ventas por niveles

2. Construir una lista de posibles interfaces de venta. En el pasado, el proceso de ventas dependía en gran medida de ferias comerciales y del marketing por correo electrónico para crear conciencia y generar clientes potenciales. Para alimentar y cerrar clientes potenciales, las empresas recurrían a la televenta y a una fuerza de ventas directa. Con las tecnologías avanzadas, surgen muchas interfaces alternativas. El marketing digital tiene ahora un alcance lo suficientemente amplio para una campaña de concienciación y se pueden utilizar diversos canales para procesar clientes potenciales, como un sitio web de autoservicio, una aplicación móvil de RA, un *chatbot* habilitado por IA y un chat en vivo, todo ello con costes asociados menores.

3. Hacer coincidir la actividad del embudo con la interfaz óptima. Para determinar qué interfaz se ajusta a cada parte del proceso, no solo se debe pensar en los costes; las empresas deben equilibrar eficiencia y eficacia. En función del perfil de los clientes potenciales, los responsables de marketing pueden elegir entre canales *offline*, como las ferias, o canales de marketing digital, como las redes sociales. Una lógica similar se aplica en la parte media y baja del embudo. Aunque es el más eficaz, la fuerza de ventas sigue siendo el canal más caro. Por ello, la mayoría de las empresas reservan su valioso tiempo específicamente para la parte inferior del embudo. Para la parte media, los *chatbots* pueden sustituir la televenta.

Interfaces de atención al cliente por niveles

En el proceso de atención al cliente, es decir, cuando se trata de clientes ya existentes, se suele clasificar a partir del valor de la vida del cliente (CLV) o de su nivel de fidelidad a la marca. El CLV es una proyección de los ingresos netos generados por cada cliente en función del tiempo estimado de permanencia. Así, los clientes con un CLV bajo solo tienen acceso a la interfaz digital (de bajo coste), mientras que los clientes con un CLV alto tienen el privilegio de interactuar con asistentes humanos (de alto coste). Esta diferenciación en términos de calidad del servicio incentiva a los clientes a ascender en el escalafón mediante compras mayores o sistemas de fidelización.

La gran cantidad de información que se puede encontrar en Internet motiva que las personas busquen soluciones por sí mismas cuando se encuentran un problema con un producto o servicio, por lo que resulta eficaz facilitar esta tendencia al autoservicio proporcionando recursos en línea donde realizar estas búsquedas. Del mismo modo, existen foros o comunidades de apoyo gestionados por las empresas (o no) donde los clientes pueden preguntarse unos a otros. En esta aplicación de tecnología social, los voluntarios que ayudan a otros son recompensados con insignias de gamificación. Este enfoque fue durante mucho tiempo una práctica excelente reservada al sector tecnológico, pero se ha extendido ahora a otros sectores. Con una sólida base de conocimientos y foros de apoyo, las empresas pueden anticiparse a los problemas de sus clientes, y estos pueden evitar la molestia innecesaria de ponerse en contacto con el servicio de atención al cliente.

Estas bases de conocimiento que permiten la creación de recursos de autoservicio y de foros constituyen una base inmensa de datos estructurados alimentada por algoritmos internos de aprendizaje automático. En lugar de buscar respuestas en páginas de soporte o en comunidades, los clientes ya pueden pedir soluciones a la IA, una interfaz automatizada (*chatbot* o asistente virtual) que ofrece a los clientes no solo comodidad, sino también soluciones instantáneas. Del mismo modo, los guiones y los historiales de los centros de llamadas y de los chats pueden transferirse con facilidad al motor de IA para que aprenda de ellos y proporcione respuestas a preguntas básicas y frecuentes.

Existen varios pasos clave para desarrollar un sistema de atención al cliente por niveles que integre una sólida simbiosis entre humanos y máquinas.

1. Crear un sistema de respuesta para preguntas frecuentes. Si analizan su historial, las empresas pueden comprobar que la mayoría de las consultas de los clientes son básicas y repetitivas, por lo que resulta ineficaz utilizar representantes humanos del servicio de atención al cliente para responderlas. Por ello, si se recopilan estas respuestas en bibliotecas de información de fácil acceso, estructuradas y clasificadas, estas resultan muy útiles para los clientes. Para ello, se puede recurrir a guiones gráficos que utilicen historias reales de clientes, esto es, situaciones y escenarios reales a los que se han enfrentado clientes con anterioridad. Por supuesto, una buena base de conocimientos debe tener una función de búsqueda y debe actualizarse continuamente con nueva información.

2. Definir un modelo por niveles. Los sistemas de analítica permiten analizar rápidamente grandes volúmenes de datos y de transacciones de clientes individuales. Basta con identificar un conjunto eficaz de criterios para evaluar el valor de cada cliente. Por lo general, la clasificación por niveles implica medidas tanto financieras (ingresos, rentabilidad) como no financieras (cuota de cartera, permanencia, importancia estratégica) y, sobre la base de estos criterios, se pueden agrupar los clientes por niveles. Esta clasificación es dinámica, es decir, debe existir la forma de que los clientes suban y bajen. Cuando está bien definida, se puede asignar a cada nivel, dependiendo del coste de servicio, un presupuesto, que determinará el tipo de atención al cliente de cada nivel.

3. Crear opciones de atención al cliente por niveles. Las empresas pueden aprovechar su base de conocimientos para crear diferentes niveles de atención al cliente. El primer nivel consiste en opciones de autoservicio, volcando esta base de conocimientos en la web. Cuando se tienen guiones gráficos fluidos, es fácil transferir la información a plataformas de *chatbots* y asistentes virtuales (como ocurre con las habilidades de Alexa). Si los clientes no obtienen la respuesta deseada, deberán recurrir a interfaces de humano a humano, por ejemplo, foros o comunidades web que puedan navegar fácilmente. Pero, en última instancia, debe ponerse a disposición del cliente un servicio de atención y de resolución de problemas cuando la respuesta no se encuentre en otro lugar, ya sea por correo electrónico, chat en vivo o llamada telefónica. Sin embargo, pueden no ofrecerse todas las opciones a todos, sin distinción. Los clientes de nivel bajo suelen tener acceso a opciones de autoservicio (recursos en línea y foros), mientras que los clientes de nivel alto pueden elegir el formato de atención al cliente que prefieran (figura 11.2).

FIGURA 11.2 Ejemplo de marketing aumentado en la interfaz de servicio al cliente por niveles

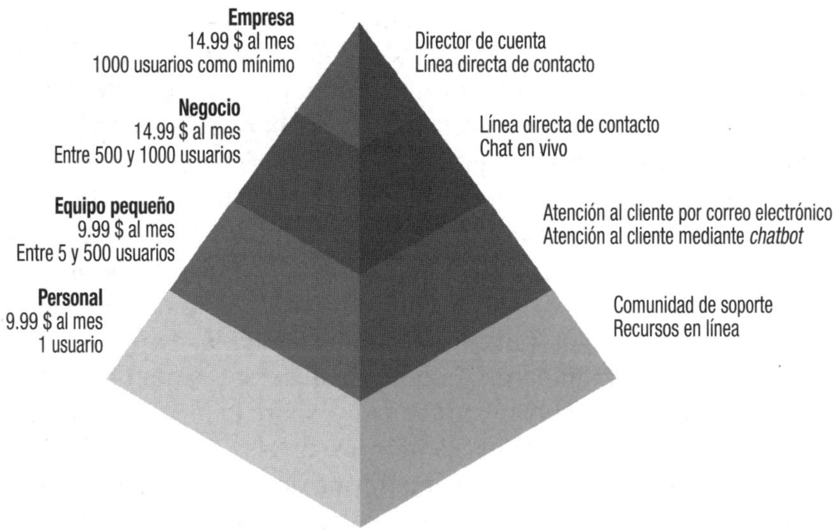

Herramientas digitales para empleados de primera línea de contacto con los clientes

El marketing aumentado no solo se basa en la división del trabajo entre máquinas y humanos, sino que también pueden combinarse o integrarse estas herramientas para capacitar a empleados de primera línea que interactúan directamente con los clientes. Hoy día, a pesar del impacto del comercio electrónico y de las compras en línea, la mayoría de las ventas al por menor siguen produciéndose en tiendas físicas. Sí que es cierto que estos clientes utilizan también la web, para buscar productos que compran fuera de ella. Por tanto, cuando clientes bien informados —que han pasado horas investigando los productos— llegan a la tienda, esperan un personal de primera línea igualmente informado.

Una tendencia similar ocurre en el sector servicios. Los clientes están acostumbrados a leer reseñas antes de elegir un hotel, empresa de servicios profesionales o instituciones educativas para seguir explorando. Estos clientes más inteligentes tienen grandes expectativas, y eso hace que el trabajo de los empleados de primera línea sea más difícil y tenga una importancia crucial, sobre todo en entornos de alto contacto, como los sectores minorista y de servicios. Incluso en los sectores de bajo contacto, el personal de primera línea se convierte a menudo en la última línea de defensa en cuanto a la recuperación del servicio, en una fuente de diferenciación y en la cara humana de las marcas. Es fundamental dotar a estos empleados de conocimientos adecuados sobre los clientes, pues constituyen un medio privilegiado de transmisión de información entre marca-cliente.

Con acceso a grandes cantidades de información, el personal de primera línea puede ser más productivo, centrándose en la conversión de las ventas, en la venta cruzada y en el *upselling* en lugar de hacer conjeturas inteligentes sobre los clientes. Los historiales de transacciones y las recomendaciones de productos generadas por IA, entre otros recursos, permiten que los empleados entiendan qué deben ofrecer a los clientes, anticipándose a sus necesidades. Igualmente importante es ser capaz de proporcionar interacciones personalizadas y construir relaciones como si conocieran a los clientes desde hace tiempo.

Las herramientas digitales en tiendas físicas también ayudan a reducir la fricción en empresas que pretenden ofrecer una experiencia omnicanal. Pensemos en la guía digital de maquillaje de Sephora. Un cliente puede reservar cita con un maquillador y, una vez en la tienda, consultar el catálogo de imágenes en línea para inspirar su cambio de imagen. El artista utiliza un pequeño escáner llamado Color IQ para captar el tono de la piel y determinar el tono perfecto de cada uno. Así, con la información del catálogo y Color IQ, el empleado busca y escanea los productos que se ajustan al perfil del cliente y, una vez completado el cambio de imagen, puede enviar por correo electrónico los pasos y productos concretos que ha utilizado, lo que resulta útil para repetir la compra.

Las empresas tienen que construir no solo una interfaz digital para los clientes, sino una que coincida con la de los empleados. La entrega de información al cliente puede hacerse a través de dispositivos móviles o *wearables*. Algunos hoteles, por ejemplo, permiten que los clientes hagan peticiones al servicio de limpieza, de cocina o de conserjería a través de las tabletas de las habitaciones o de sus *smartphones*, a veces a través de un *chatbot* conectado. Esto facilita una respuesta rápida y, por tanto, una mejor experiencia para el cliente.

Algunos pasos clave para proporcionar las herramientas digitales adecuadas a los empleados de primera línea son los siguientes.

1. Comprender los puntos de frustración de los empleados. El mayor error que cometen las empresas al implantar herramientas digitales en operaciones de primera línea es centrarse en la tecnología y no en el motivo de su implantación. Comprender la experiencia de empleado (EX) es tan esencial como comprender la experiencia de cliente (CX). Por ello, el primer paso es trazar el mapa de la experiencia de empleado como información complementaria al mapa de la experiencia de cliente. El trabajo de primera línea es difícil y estresante, pero también encierra gran cantidad de información que las empresas deben escuchar para identificar de voz de sus empleados las principales frustraciones. Igual que ocurre con los clientes, estas suelen centrarse en ineficiencias —actividades que les llevan mucho tiempo— y posibles fallos en el servicio —incapacidad de dar a los clientes lo que quieren—.

2. Buscar una solución en la tecnología. Una vez identificados los puntos de frustración, las empresas deben encontrar soluciones tecnológicas que funcionen. La mayoría de las veces, se centran en aquellas que pueden integrarse en todo el sistema informático, pero la clave es implicar a los empleados en el proceso de prueba. Esto ayudará a las empresas a anticiparse a posibles problemas en la ejecución y a aumentar el sentimiento de aceptación de los empleados ante el cambio. También es fundamental comprender cómo estos utilizan la tecnología y elegir el *hardware* adecuado. Los *smartphones* y las tabletas son herramientas digitales estándar para algunas tareas, pero otras requieren aplicaciones de manos libres o dispositivos portátiles.

3. Centrarse en la gestión del cambio. A diferencia de otros elementos del marketing 5.0, el marketing aumentado requiere de una estrecha colaboración entre los empleados de primera línea y los habilitadores tecnológicos. El mayor reto, especialmente para las empresas con un gran número de trabajadores de primera línea, es la resistencia al cambio. No todos los clientes son expertos en tecnología; del mismo modo, no todos los empleados están preparados para la tecnología y no todos se sienten cómodos. Es necesario implementar procesos formativos para actualizar las habilidades digitales. Pero este aprendizaje no se limita a las habilidades, sino que incluye también la mentalidad digital. Supervisar los obstáculos de ejecución y solucionarlos es algo a lo que las empresas deben prestar atención.

RESUMEN. MARKETING AUMENTADO

Uno de los ámbitos en los que la simbiosis hombre-máquina ofrece los mejores resultados es en la interfaz de cliente. Para consultas básicas y sencillas, basta con interfaces digitales, pero, para interacciones más consultivas, los ordenadores aún no han superado a los humanos, por lo que tiene sentido dividir el trabajo en una estructura escalonada.

En el proceso de ventas, la parte superior e intermedia del embudo puede dejarse en manos de las máquinas, mientras que la parte inferior debe llevarla a cabo la fuerza de ventas. En el servicio de atención al cliente, la interfaz digital y de autoservicio se utiliza para atender a la masa de clientes, mientras que los representantes de atención al cliente se reservan para clientes más valiosos. Las empresas deben utilizar la inteligencia artificial «estrecha» (o precisa) para garantizar la calidad de las interacciones digitales.

El marketing aumentado también consiste en capacitar a los empleados de primera línea con la ayuda de tecnologías digitales para que los clientes —inteligentes y siempre activos— estén acompañados por empleados bien informados. La puesta a disposición de información basada en datos en el punto de interacción permite a los empleados adaptar su enfoque a cada cliente. Una interfaz bidireccional entre clientes y empleados también reduce la fricción y, en última instancia, mejora la experiencia de cliente.

PREGUNTAS PARA REFLEXIONAR

- Explora las áreas en las que puedes mejorar la productividad de tu personal de ventas y atención al cliente de primera línea. ¿Qué tareas puede realizar y optimizar un sistema informático?
- ¿Cómo puedes empoderar a tu personal de primera línea para que tome mejores decisiones? Por ejemplo, ¿cómo pueden tus vendedores utilizar los datos de segmentación de clientes para mejorar la tasa de conversión de ventas?

CAPÍTULO 12

MARKETING ÁGIL

1. Ejecución de operaciones a ritmo y escala necesarias

Zara ha sido una de las marcas de moda rápida más exitosas de la última década. A diferencia de empresas de ropa tradicionales, basadas en tendencias estacionales más largas, Inditex —el grupo propietario de la marca Zara— apuesta por entregas rápidas con más de 10 000 diseños diferentes al año, llevando sus últimas tendencias de la pasarela al escaparate en solo un par de semanas. Detrás de esta extraordinaria velocidad hay una cadena ágil de diseño y de suministro.

Zara analiza las tendencias de famosos y los desfiles de moda en todo el mundo, controlando las ventas de cada unidad de mantenimiento de existencias (SKU) en tienda para determinar qué artículos tienen una fuerte demanda en tiempo real mediante un seguimiento de identificación por radiofrecuencia (RFID). Los conocimientos del mercado dictan a diferentes equipos de diseñadores descentralizados qué artículos deben crear, y el aprovisionamiento suele realizarse al tiempo que el diseño, lo que agiliza el proceso. Los productos de Zara también se fabrican en pequeños lotes, lo que garantiza una alta rotación de existencias y permite a la marca comprobar la aceptación de mercado antes de comprometerse con un mayor volumen de producción.

La práctica de comercialización de Zara es un ejemplo de marketing ágil, caracterizado por análisis en tiempo real, equipos descentralizados de respuesta rápida, plataformas de productos flexibles, procesos concurrentes y experimentación rápida. Con este modelo, la marca ha revolucionado la forma de comprar ropa y accesorios, pero la venta minorista de moda rápida es un negocio polarizante. A pesar de tener una fuerte base de fans, también reciben críticas, especialmente por su enorme despilfarro y sus prácticas laborales injustas. Una organización ágil debe percibir y responder rápidamente a los sentimientos del mercado y, por ello, Zara ha anunciado su apoyo a la economía circular —uso continuo de materiales mediante la reutilización y el reciclaje—, comprometiéndose a que todos sus productos textiles procedan de materiales sostenibles para 2025.

La mayor prueba para la agilidad de Zara es cómo operará en el mundo pospandémico. Zara suele utilizar sus tiendas como centros de distribución de comercio electrónico y, con las tiendas cerradas temporalmente o los 1200 cierres permanentes en todo el mundo, deberá reajustar el plan. La integración entre negocio *online* y el de tiendas físicas será clave para la marca en la próxima década.

2. ¿Por qué el marketing ágil?

La industria de la alta tecnología se caracteriza por productos con ciclos de vida muy cortos y actores que compiten por ser los primeros en salir al mercado y captar el máximo valor antes de que la tecnología se quede obsoleta. Por eso, las empresas deben vigilar y responder a las nuevas tendencias y a los cambios de comportamiento de los clientes. Las iteraciones de los nuevos productos son rápidas, ya que su margen de beneficio es limitado, de ahí que las empresas de alta tecnología sean las primeras en adoptar un marketing ágil.

En el vertiginoso mundo digital, muchas otras industrias —confección, bienes de consumo envasados, electrónica de consumo y automovilística— están experimentando ciclos de vida más o menos cortos. En estos sectores, las preferencias de los clientes hacia los productos cambian rápidamente, impulsadas por la proliferación de nuevas ofertas. Incluso la experiencia de cliente tiene fecha de caducidad: lo que antes resultaba atractivo se puede quedar obsoleto en el momento en que la competencia lo imite y lo supere.

El entorno digital, siempre conectado, favorece la rotación de tendencias. La experiencia de cliente, que solía ser privada, puede ser transmitida a todo el mundo por redes sociales, lo que disminuye el factor sorpresa cuando las empresas intentan repetirla por segunda vez. Los clientes siempre activos también exigen marcas siempre activas que atiendan sus necesidades las 24 horas del día. Todo es a la carta o, como lo llamó Tom March, la nueva WWW (*whatever, whenever, wherever*). En consecuencia, las empresas deben supervisar continuamente las tendencias y conversaciones en curso y actuar sobre ellas a un ritmo más rápido.

Las estrategias tradicionales de salida al mercado, planificadas de antemano, ya no son eficaces. En una época llena de volatilidad, incertidumbre, complejidad y ambigüedad (VUCA), las empresas ya no pueden hacer planes a largo plazo sin numerosos ajustes por el camino. De hecho, la mayoría de los planes a largo plazo ya están obsoletos cuando se alcanzan los hitos.

Las empresas tienen que adaptarse a la velocidad de cambio de los clientes y superar a la competencia al mismo tiempo. La nueva norma es la agilidad, que ha adelantado a la estabilidad operativa como el factor crítico de éxito para que las empresas escalen y crezcan. Aunque sigue siendo importante, la estabilidad debe complementarse con equipos ágiles que funcionen como catalizadores de los nuevos motores de crecimiento. El marketing ágil es la última pieza del rompecabezas para que las empresas implanten el marketing 5.0. Esta disciplina se adapta al rápido e imprevisible panorama empresarial al que se enfrentan.

3. Implementar un marketing ágil

Una estrategia ágil de marketing requiere cierto tipo de mentalidad del que carecen las empresas tradicionales. Por defecto, las empresas emergentes ya tienen una mentalidad ágil debido a sus escasos recursos, pues necesitan velocidad antes de que se les acabe el presupuesto. Las grandes empresas, sin embargo, deben adoptar el marketing ágil de forma diferente. La complicada estructura y su burocracia inherente son los peores enemigos del marketing ágil, por lo que será importante equipos separados para asegurarse de mantener operaciones estables y rentables, sin perderse grandes novedades.

FIGURA 12.1 Cómo funciona el marketing ágil

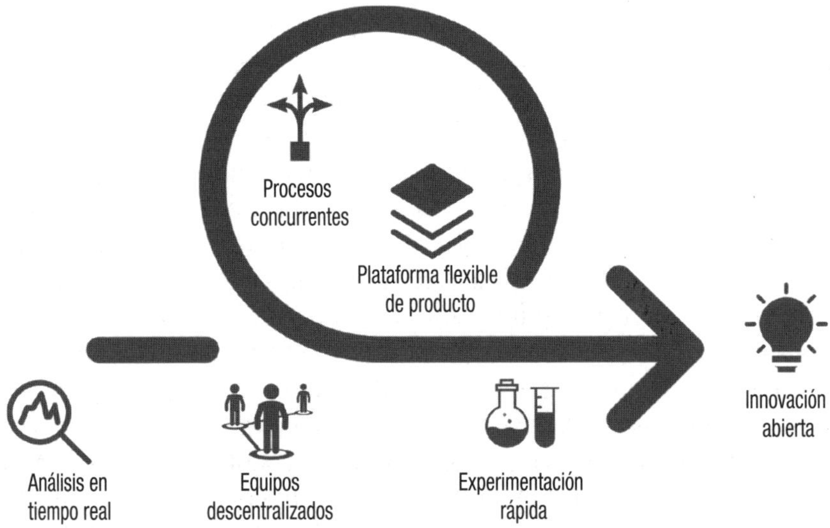

El proceso ágil suele reservarse para proyectos de innovación que se centran en nuevos motores de crecimiento. Existen varios componentes clave en una organización de marketing ágil (figura 12.1): establecer un sistema de análisis en tiempo real; establecer equipos ágiles descentralizados que se alimenten de percepciones generadas por el análisis; generar múltiples configuraciones de productos o campañas basadas en una plataforma flexible; llevar a cabo una experimentación rápida (proceso concurrente desde la ideación hasta la creación de prototipos); y, después de probar cada configuración mediante el análisis de la aceptación real del mercado, determinar cuál de las configuraciones aporta el resultado más favorable. Al llevar a cabo todo el proceso ágil, las empresas deben adoptar una mentalidad de innovación abierta donde aprovechen tanto los recursos internos como los externos.

Capacidad de análisis en tiempo real

El marketing ágil se basa en su mecanismo de respuesta rápida. Por lo tanto, lo primero que hay que construir es la capacidad de análisis. El objetivo es identificar los problemas que necesitan soluciones u oportunidades de crecimiento. Para ello, las empresas deben contar con una recopilación efectiva de datos de clientes que monitorice los cambios en tiempo real. Las herramientas de escucha social —o de monitorización de medios sociales— pueden ser especialmente útiles para hacer seguimiento de las conversaciones sobre una marca o un producto en redes sociales y comunidades *online*. Estas herramientas filtran conversaciones sociales no estructuradas para convertirlas en información útil, como palabras clave, tendencias emergentes, opiniones polarizadas, sentimientos de marca, visibilidad de la campaña, aceptación del producto y respuesta de la competencia. Los datos también se enriquecen con «geoetiquetas», lo que permite a las empresas rastrear la información por regiones y lugares.

Además, las empresas deben hacer seguimiento de los cambios en el comportamiento de los clientes que se reflejan en el tráfico y las transacciones. Para ello, pueden seguir los recorridos en sus sitios web y analizar las compras del comercio electrónico en tiempo real. En el caso de empresas con activos físicos, los datos de los puntos de venta son los más habituales para evaluar si una referencia de producto determinada está obteniendo tracción en el mercado. Mediante el uso de etiquetas RFID en los productos, las empresas pueden obtener una imagen clara del recorrido del cliente antes de la compra. Por ejemplo, los minoristas pueden conocer el tiempo que tardan los clientes en decidirse antes de comprar un producto y el recorrido que hacen antes de que el producto llegue a las cajas.

Conseguidos los permisos, las etiquetas RFID pueden funcionar como *wearables* para seguir los movimientos de los clientes y mejorar su experiencia, como hace Disney con sus Magic Bands para los parques temáticos o Mayo Clinic con las pulseras de los pacientes y las insignias del personal. Las empresas B2B recurren a un seguimiento con RFID para gestionar la logística y optimizar la cadena de suministro.

Estos datos de tráfico y transacciones son útiles para analizar rápidamente la causalidad entre campañas y resultados o entre lanzamiento de productos y ventas. En otras áreas, el objetivo es encontrar el mejor ajuste producto-mercado. Las métricas para medir el éxito deben ser significativas y procesables para que las empresas sepan con precisión lo que deben perfeccionar de las campañas o los productos. Un análisis en tiempo real permite a las empresas experimentar y obtener un aprendizaje que se valida rápidamente.

Equipos descentralizados

El marketing ágil requiere que varios equipos pequeños trabajen en cosas diferentes. Los equipos se nutren de conocimientos generados por análisis en tiempo real y, en marketing ágil, a cada grupo se le asigna una tarea específica con un plazo de ejecución. Los equipos son los responsables. El modelo se inspira en el *scrum*, un método ágil utilizado para el desarrollo de *software*, pero, en marketing, las aplicaciones del enfoque ágil pueden incluir diseño de la nueva experiencia del cliente (CX), innovación de productos, mejora del proceso de marketing, una campaña de marketing creativa y desarrollo de nuevos negocios.

Uno de los principales obstáculos del marketing ágil son los silos organizativos. Muchas grandes organizaciones se enfrentan a esta tendencia alineando diferentes funciones mediante indicadores clave de rendimiento (KPI). Por ello, cada equipo ágil debe contar con miembros multifuncionales, con conocimientos diversos en desarrollo de producto, marketing y tecnología. Como son grupos pequeños que trabajan en torno a los mismos conjuntos de objetivos, favorecen la eliminación de silos y, al mismo tiempo, los empleados están más comprometidos y sienten que su trabajo tiene sentido.

Además de reducir cualquier fricción, los equipos interfuncionales son adecuados para fomentar el pensamiento divergente, esencial en cualquier proyecto de innovación. Los equipos interfuncionales también son esenciales para dar vida a las ideas. La persona de marketing, por ejemplo, desempeña un papel en la interpretación de las ideas, mientras que la persona de ingeniería ayuda a desarrollar prototipos de trabajo. Cada equipo debe contar con los recursos necesarios para completar sus objetivos de forma independiente.

Los modelos tradicionales de toma de decisiones con base en el proceso de aprobación de varios niveles son demasiado engorrosos para el marketing ágil. Las decisiones deben tomarse rápidamente, y los retrasos afectan al resultado de forma significativa. Por ello, los equipos deben ser autónomos y contar con una autoridad descentralizada para la toma de decisiones relacionadas con su objetivo. Este modelo flexible requiere un fuerte compromiso por parte de la alta dirección, cuyo papel es supervisar el progreso, dar *feedback* a nivel estratégico y entrenar a los equipos, siempre dándoles libertad. Pero lo más importante es que los altos ejecutivos integren los proyectos ágiles en los objetivos generales de la empresa.

Plataforma de productos flexible

La razón más importante por la que los equipos ágiles tienen una respuesta rápida es que no construyen nuevos proyectos desde cero. En cambio, cada nueva iteración parte de la misma base, que se llama «plataforma». Cuando los clientes evalúan un producto concreto, por ejemplo, ni lo aman ni lo odian por completo; puede que no les gusten algunos elementos y sí otros. Por lo tanto, todo —características del producto, componentes de *software*, puntos de contacto de CX o diseños creativos— está diseñado de forma modular y en capas. La base sirve como producto principal, mientras que otros módulos pueden ensamblarse de forma diferente para aumentar el valor del producto.

Las empresas de *software* y otras empresas digitales son, por detecto, más flexibles y ágiles en el desarrollo de sus productos. Al no tener activos físicos, se adaptan mejor a la volatilidad e incertidumbre del mercado y, a pesar de tener sus raíces en productos digitales, esta práctica también es común en las empresas de *hardware*. En la automoción, por ejemplo, es habitual basar el desarrollo de productos en unas pocas plataformas; diferentes modelos de coche con distintos aspectos e incluso diferentes marcas de automóviles pueden utilizar la misma plataforma. La razón de esta práctica es ahorrar costes y estandarizar procesos de fabricación a nivel mundial. De este modo, los fabricantes de automóviles pueden mantener los precios bajos sin dejar de ofrecer variaciones de diseño personalizadas que respondan a las distintas preferencias del mercado.

En algunos casos, las empresas cambian su modelo de negocio de la propiedad de *hardware* a los servicios digitales para mejorar su agilidad. Los productos de *hardware* y *software* tienen ciclos de venta más largos, ya que los clientes no los actualizan con frecuencia si las mejoras no son significativas. Y, en ese caso, el marketing ágil puede no ser tan útil. Por eso, las empresas tecnológicas han pasado de vender *hardware* y *software* empresarial a ofrecer suscripciones a servicios. Con el nuevo modelo de ingresos, ofrecen productos bien integrados y continuamente actualizados. Y, mediante una plataforma de producto flexible, los equipos ágiles pueden experimentar rápidamente con varias configuraciones hasta obtener la respuesta más favorable del mercado. Pero lo más importante es que las plataformas de producto y los componentes modulares permiten a las empresas realizar personalizaciones masivas y elegir configuraciones únicas para todo tipo de productos, como yogur helado, zapatos y ordenadores portátiles.

Procesos concurrentes

Un proyecto de innovación suele seguir el modelo de cascada o de puerta de entrada, donde cada paso, desde la ideación hasta el lanzamiento, se realiza en secuencia, con puntos de control al final de cada etapa. Por lo tanto, el proceso no puede pasar de fase sin que se complete la anterior. Los múltiples puntos de control hacen que este enfoque requiera mucho tiempo. En cambio, en marketing ágil, el modelo se sustituye por un método concurrente, donde las diferentes etapas se ejecutan en paralelo. Además de la rapidez, el proceso concurrente tiene otras ventajas en comparación: un modelo en cascada no es adecuado para proyectos a gran escala y a largo plazo donde errores descubiertos en una fase avanzada del proceso podrían significar el reinicio de toda la secuencia, y es demasiado rígido para permitir alteraciones significativas una vez que el proyecto se pone en marcha. Un modelo concurrente es la solución a estos problemas.

Al no ser secuencial, cada componente de la innovación —diseño, producción, caso de negocio— se tiene en cuenta en las primeras fases del proceso. Además, el trabajo se divide en pequeños flujos de trabajo y se analiza mediante hitos cortos. Así, los posibles problemas pueden identificarse y solucionarse antes de que la innovación esté ya demasiado avanzada.

Pero el proceso concurrente también plantea algunos retos que hay que superar. El riesgo más importante se produce durante la integración entre flujos de trabajo. Es fundamental una coordinación constante dentro de los equipos y entre ellos para asegurarse de que los flujos de trabajo están alineados y son compatibles. Cada progreso y cambio incremental en una corriente de trabajo debe comunicarse para que puedan hacerse ajustes en otras corrientes. Los equipos ágiles deben agendar una breve reunión diaria con este fin de coordinación. Como la reunión es breve, se toman decisiones rápidamente, y quienes son nuevos en el mundo ágil pueden tener dificultades con esto.

En el marketing ágil, las fases de desarrollo también se realizan de forma simultánea a la experimentación. Los equipos nunca esperan a que se pruebe en el mercado una iteración recién terminada. En su lugar, siguen adelante con la siguiente iteración. Por lo tanto, para influir en el desarrollo posterior, la prueba de mercado se realiza rápidamente entre iteraciones.

Experimentación rápida

La experimentación rápida es uno de los elementos más importantes del marketing ágil. Tradicionalmente, las pruebas de concepto se basan en un estudio de mercado previo al lanzamiento centrado en descubrir los puntos de vista de los clientes, que constituyen la base para el desarrollo de nuevos productos o ideas de campaña. A continuación, las ideas se presentan a un grupo de encuestados durante las pruebas de concepto, pero, debido a esta conceptualización hipotética, a menudo sin prototipos de trabajo, los encuestados tienen dificultades para imaginar los productos finales. Por lo tanto, la prueba de concepto puede estar sesgada. Además, los resultados tardan en llegar, a menudo demasiado tarde para hacer ciertas modificaciones.

Sin embargo, en el marketing ágil, los productos reales se fabrican en pequeños lotes y se venden a clientes reales siguiendo el manual de las *lean start-ups*. La primera versión del producto con elementos suficientes para su lanzamiento se denomina «producto mínimo viable» (MVP), aunque es importante tener en cuenta que «producto» ahora implica productos reales, interfaces de usuario o UX e incluso ideas de campaña. Es esencial lanzar el MVP lo antes posible para obtener un primer aprendizaje y acceder a mejoras y aumentos futuros del producto.

La experimentación rápida permite a las empresas aprender en un entorno controlado. Los experimentos se aíslan en lugares geográficos concretos para contener los fallos y gestionar los riesgos de forma segura. Se pueden realizar varias iteraciones para perfeccionar el producto a lo largo del tiempo y de forma continua. Y un análisis en tiempo real permite medir la aceptación del mercado antes del lanzamiento de la siguiente versión o de una implantación mayor.

Al llevar a cabo estos experimentos, no siempre se trata de perseverar en las ideas originales y de realizar pequeñas mejoras continuas. En algunos casos, la aceptación del mercado es tan escasa durante varias iteraciones que el equipo ágil decide cambiar radicalmente el rumbo del proyecto. O quizá el análisis de datos propone una nueva dirección para el proyecto. En el ámbito ágil, esto se conoce como «pivotar» y constituye todo un reto, porque el equipo debe volver a la mesa de dibujo y replantearse problemas u oportunidades. La capacidad de pivotar rápidamente cuando las cosas no salen como se esperaba suele considerarse una diferencia clave entre organizaciones tradicionales y ágiles.

Innovación abierta

A pesar de estar centrado en los equipos, un enfoque ágil no implica que las empresas deban hacerlo todo internamente. Para reducir el tiempo de comercialización, deben aprovechar tanto los recursos internos como los externos. El concepto de «innovación abierta» —término introducido por Henry Chesbrough— está en línea con el marketing ágil y permite a las empresas acceder a un conjunto global de ideas, soluciones y talentos especializados. Además, con este modelo, las empresas no necesitan construir laboratorios de innovación o centros de investigación y desarrollo, que tienen una estructura de costes más elevada.

Hoy día, las empresas han abierto su proceso de innovación, utilizando enfoques *inside-out* y *outside-in*, ofreciendo tecnologías creadas a puerta cerrada al mundo entero. De este modo, la comunidad mundial de desarrolladores puede construir sobre estas tecnologías y devolver las mejoras a la fuente. Google, por ejemplo, ha abierto TensorFlow, su avanzado motor de inteligencia artificial.

Las empresas también aceptan ideas externas, pues está demostrado que la cocreación con el cliente y la colaboración con terceros aceleran y mejoran la calidad de la innovación. Esto toma varias formas. La más común es el reto de innovación abierta, donde las empresas publican los retos a los que se enfrentan y solicitan soluciones. Singapore Airlines busca soluciones digitales que redefinan la experiencia de sus clientes a través de la aplicación Challenge, mientras que el Campeonato de Innovación de Zúrich recopila ideas tecnológicas para el sector de los seguros, que incluyen aplicaciones de IA y de procesamiento del lenguaje natural.

Otra forma de recoger soluciones externas es a través de un mercado de innovación abierto, mediante plataformas como InnoCentive, que sirve de puente entre quienes buscan innovar y una red de solucionadores que obtienen recompensas en metálico. Las empresas también pueden crear su propia red de socios externos, como ocurre con Connect+Develop de P&G, una plataforma que ayuda a la empresa a asociarse con actores innovadores y titulares de patentes.

El mayor reto de utilizar un modelo de innovación abierta es alinear los equipos ágiles y los socios de innovación. Los equipos ágiles suelen estar ubicados en el mismo lugar para garantizar una estrecha colaboración en un tiempo limitado, pero la innovación abierta requiere que los colaboren con socios externos como parte de su naturaleza distribuida.

4. Gestión ágil de proyectos de marketing

La aplicación de principios ágiles en la gestión de proyectos de marketing requiere una documentación rápida y concisa. Una hoja de trabajo de una sola página ayuda a los equipos ágiles a entender proyectos de marketing específicos (figura 12.2). Dado que la coordinación es fundamental en el sistema ágil, este documento es también una herramienta de comunicación para transmitir los progresos incrementales realizados en cada ciclo.

La hoja de trabajo debe contener varios elementos esenciales: sección de requisitos de mercado, que expone los problemas por resolver y las oportunidades de mejora basadas en datos en tiempo real; soluciones e iteraciones propuestas bien documentadas, especialmente la definición del producto mínimo viable; tareas esenciales con el calendario y la persona responsable; y resultados de las pruebas de mercado, útiles para la siguiente iteración.

FIGURA 12.2 Ejemplo de hoja de trabajo de marketing ágil

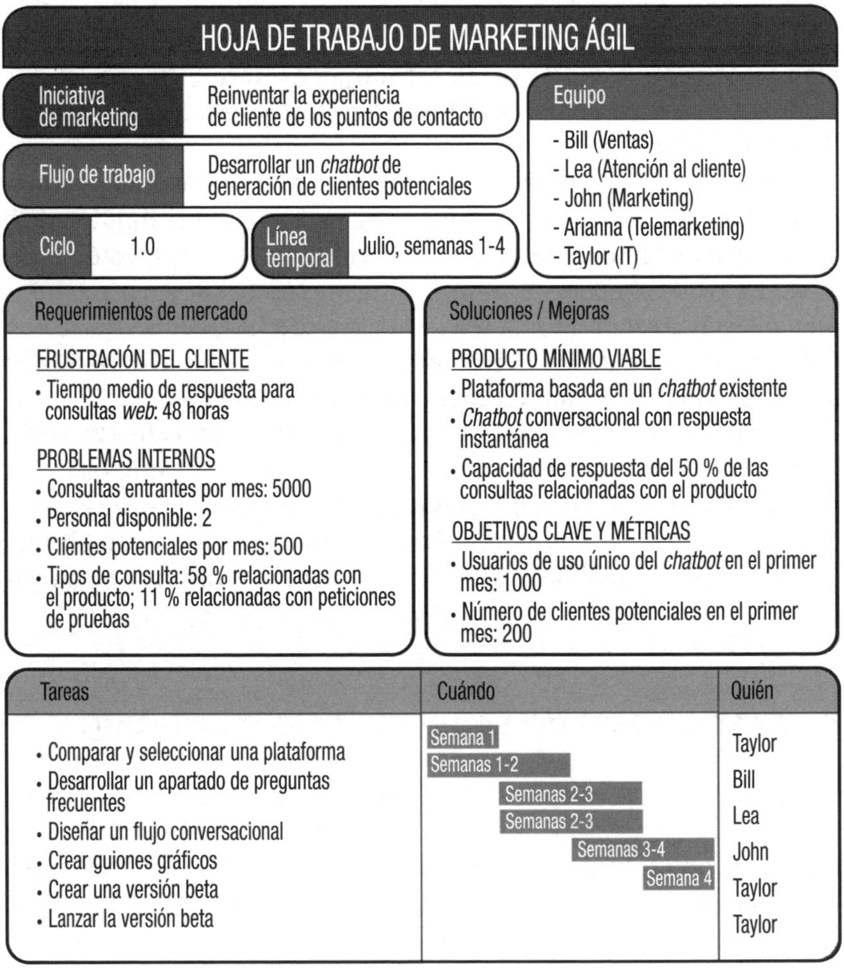

Resultados de la prueba

OBJETIVOS CLAVE Y MÉTRICAS

- Usuarios de uso único del *chatbot* en el primer mes: 500
- Número de clientes potenciales en el primer mes: 50

FEEDBACK

- El *chatbot* no destaca ni resulta relevante en la página
- El número medio de interacciones es 2-3; añadir a los objetivos clave y las métricas
- Es necesario añadir más aplicaciones con respuestas automáticas y pruebas de mercado como siguiente prioridad

Deberá redactarse para cada ciclo o iteración y distribuirse a todas las partes sin convertirse en una carga o un papeleo innecesario para el equipo. El propósito es alinear los objetivos con las acciones y los resultados en cada proyecto de marketing.

RESUMEN. MARKETING ÁGIL

En todos los sectores, los ciclos de vida de los productos se están acortando, impulsados por el cambio constante de las expectativas de los clientes y la proliferación de nuevos productos. Este fenómeno también ha alcanzado la experiencia de cliente, que podría quedarse obsoleta en poco tiempo.

Los modelos tradicionales de planificación y gestión de proyectos de marketing no se ajustan al nuevo panorama; la estrategia de marketing a largo plazo ya no es relevante y el enfoque en cascada o por etapas en materia de innovación se considera demasiado lento. Los clientes siempre activos exigen empresas que se mantengan al día y dinámicas, lo que requiere de enfoques en marketing ágil que se complementen con la estabilidad operativa y catalicen el crecimiento de la empresa.

Una estrategia de marketing ágil requiere varios componentes: análisis en tiempo real, que permite a las empresas captar rápidamente las ideas del mercado; equipos ágiles descentralizados que diseñan y desarrollan iniciativas de marketing innovadoras en pequeños lotes y de forma incremental; una plataforma flexible y un proceso concurrente que permitan un producto mínimo viable; experimentación rápida de la iteración de producto; y una mentalidad de innovación abierta que acelere el proceso aprovechando los recursos internos y externos.

PREGUNTAS PARA REFLEXIONAR

- Evalúa la agilidad de tu organización. ¿Cuáles son los obstáculos para implementar el marketing ágil en tu empresa?
- ¿Cuáles son las iniciativas de marketing que puedes diseñar y desarrollar utilizando el marketing ágil en tu organización? Aplica todos los componentes y utiliza la hoja de trabajo de marketing ágil.